THANK YOU

跟過去的每次跌倒說謝謝

柔式覺醒，告別渣男
找到幸福的自己

那時候的渣男，這時候的幸福

渣男告別式，幸福進行式

推薦序

　　我們拍終極系列的時候，小柔就是演我的女兒，在戲裡面呢，她叫我老母達令，叫著叫著就叫到戲外面了，所以這麼多年了，我就真的把她當成自己的女兒了。

　　我的小柔呢，我覺得她很堅強，可是有時候又很溫柔很會撒嬌，玩樂的時候比誰都瘋，工作的時候像一個男人。現在她又昇華了，在家的時候是個賢妻良母，有時溫柔，有時潑辣，有時又很可愛，很愛耍帥，但是，她什麼都有，就是沒有公主的命，把自己活得像一個女王一樣；我這個媽媽，對她從來都是口出惡言，從來不跟她說好話，但是我知道，我的女兒這麼堅強，其實私底下不知道流過多少眼淚；她這麼獨立，心中一定有很多傷痕。

　　每一個女人都想當一個小鳥依人的小女人，有

人可以疼愛，有人哄著，但小柔沒有，她變成一個
女漢子，但我覺得這樣沒有什麼不好，她也沒有什
麼是不會的，我常常跟她說：黃小柔，妳是一個堅
強的女人，妳可以不成功，但妳必須要成長！

　　最後我要叮嚀和拜託所有媒體女士先生們，請
不要用正常人的角度去看小柔，因為你一定看不懂；
最後的最後，我想跟小柔說，願我的女兒過得順心，
睡得安心，活得開心，我愛妳～加油！

By 乾媽 藍心湄

　　剛認識小柔，印象中就是一個很愛傻笑，很害羞，沒什麼心眼的女孩！後來發現其實她做事很有想法，個性帶點叛逆，對於在事業上能夠成功有相當大的企圖心！工作當時佔了她生活大半的時間，其實是相當辛苦的！至於談戀愛情這方面，我只能說小柔是不多思考，勇往直前的！所以在我觀察了多年之後，決定將我身邊認識了 30 多年的優質好男人（王睿）介紹給小柔，才終於放下心中的一顆大石頭！

　　至於他們婚後的生活及多產的過程，請大家谷歌一下，我就不多描述了！最後希望這本資深北漂青年寫的書，能夠給你們在心靈上，及非常現實的生活中，有不同的感動及方向。

By 康哥 庹宗康

　　小柔就像我自己的妹妹，從她單身、成為人妻，一直到成為三個孩子的媽，我都有機會在她左右陪伴著。大部分的人只看到藝人光鮮亮麗的一面，其實每個人都有她自己的難處，在燦爛的笑容裡許多時候是說不出來的苦。

　　小柔是一個真實的人，甚至有些大剌剌的，許多事並沒有想太多，所以作為她的朋友很幸福。這位小姐呢，更是個熱情的人，甚至像個女俠隨時準備拔刀相助，而且不計代價！我很幸運可以成為她的長兄，見證了她生命在不同階段的蛻變。

　　這本書記載著她血淚的經歷，它可以成為許多在黑暗裡摸索者的明光。相信你會跟我一樣的感動！

By 黃國倫牧師

　　「總是笑得很開朗」——這是我認識了 20 年的小柔。但這個笑容裡面的女孩、女生、女人，隨著年齡，越來越不同。

　　我覺得小柔是一個怎麼樣都可以過得很好的人！這是什麼意思呢？哈！當然她一路上和很多人一樣，有許多的跌跌撞撞。但我最佩服的，是她總是可以讓自己強壯起來，而且不是自欺欺人的那種！

　　小柔有個屬於她自己的人生哲學，很酷，並且讓同性的人崇拜。她總是可以對朋友、對感情，給予並付出一切，毫無保留、不後悔也不懼怕！無論過程和結果是不是她想要的，她都願意把一切收藏在自己的祕密基地裡，讓這些故事，轉換成智慧。

　　看到她現在這麼幸福，真的好為她開心！不管

是和老公的相處、教育孩子的方式，我依然覺得，
小柔還是我眼中那個酷酷的女生。

　　很矛盾吧！總是笑得很開朗，但是酷酷的？這
就是她矛盾的性感！我喜歡這樣的她，好相處，又
隨和；可是要有韌性、要有個性、要有冒險精神的
時候，她肯定不管三七二十一，絕對會把自己丟進
去。她對她的生活，是掏心掏肺地去感受著。

　　小柔，一直以來，我都覺得妳會是一個可以激
勵人心的作家，因為在朋友間，妳就是這樣的良師
益友；如今妳終於出書了，希望受益的不只是我們
這些朋友，而是更多需要解惑的人們。恭喜妳！

By 愛妳的姐妹 丞琳

　　友誼 20 年，是一個不容易卻又美妙的年份，我們曾經錯過彼此的生活，謝謝緣分把我們又凝聚得更親密，下個十八、二十年，繼續彼此陪伴到老。

　　有一種獨特，需要經歷而轉變；
　　有一種溫柔，需要愛過去感受；
　　有一種友誼，需要考驗才通過；
　　有一種勇敢，需要生過三個才能懂；
　　有一種成長，需要痛過愛過才能訴說。

　　這就是這位作者／歌手／母親／兩性專家／時尚藝術家，請跟我一起再次認識她——黃小柔。

By 4 in love 棋惠

　　認識小柔將近快 20 年的時間，我永遠記得第一次見到她時的那一天，當時我們一起在工作的場合裡，她滿臉笑容燦爛地向我走來打招呼，十分熱情，好漂亮的女孩，我心想。之後我們第二次在街頭巧遇，她便開始經常與我聯繫，常常關心我的生活，頻繁地來我家裡走動。單純、熱情、真性情、慷慨，這是我對她最一開始的印象。

　　這樣的性格，讓她有著極佳的人緣，大家都很喜歡親近她，卻同時也是讓她經常受傷的原因，尤其在戀愛關係裡，她總是義無反顧地投入付出，卻一直無法得到同樣的重視；也因為她從小的生長環境，讓她在感情裡經常產生自我懷疑，還記得曾經最嚴重的一次，她甚至難過到把自己完全封閉起來。

　　但相信大家都看到小柔現在不但擁有一個疼愛她的老公，還有三個可愛的孩子，美滿的家庭幸福生活。這一切得來絕對憑靠的不只是運氣，而是她不斷地努力、不斷地調整、不斷地自我認識，一步一步穩紮穩打所拼湊出來的幸福拼圖。

　　在這本書裡，小柔很用心地寫下這段在愛情修羅場裡的親身體會，和每個渴望得到幸福生活的朋友們分享她是如何從一次次地愛錯裡，學會如何愛得聰明、活得漂亮，成為一個懂得經營幸福的女人。坦白說，身為她的好友，我到現在還是不能明白她是如何一邊照顧三個孩子，一邊完成這本著作，簡直是迷樣般的神力。

　　希望大家都能在她的字裡行間裡，再一次找回曾經那個勇敢單純的自己，也能藉由她在這本書裡的分享，得到擁有幸福的智慧。

By 艾莉絲

曾經跌過的那些坑

從小在嘉義由阿公阿嬤撫養長大，到了高職畢業才因為比賽簽約來到了台北發展，進演藝圈真的算是我人生中的一個轉捩點。在此之前其實我是在一個極度內向而且非常沒有自信的環境中長大，除了來自單親家庭的自卑，個性不擅長表達也是一大障礙，所以每次在同學和朋友間、甚至人際關係裡跌坑，我通常都選擇躲起來，從小到大在待人處事以及與人相處上都很膽小，就算真的想從坑裡跳出來，也不知道怎麼辦。

除了年紀小，基本上也是求助無門，沒人教，更別提有人可以學習。在那些時候，就算因為跌坑了而受傷難過，也只能默默的安慰自己說：「沒關係，那就自己一個人面對吧！事情會好的，我會好的！就算最後自己一個人也可以很好，最起碼不用迎合任何人，沒事沒事……至少我還有家人啊！」

　　所以在家人面前，我就自在許多、毫無掩飾地
做我自己，不用擔心會被欺負跟攻擊，阿公阿嬤跟
家人給的愛，和其他單親家庭的同學朋友們比較，
已經讓我覺得很幸運了！所以除了上課時間必須外
出，我長期躲在家裡不與人來往，最好的朋友除了
自己的姐姐跟隔壁鄰居可以偶爾陪陪我之外，學校
的同學也沒有太多聯繫，就這樣安安靜靜的畢業
了！一直到目前為止，我都沒有跟國小、國中、高
職的同學有任何聯絡，也不知道怎麼聯絡。

　　現在想想，其實這樣很不健康，也不知道自己
怎麼撐過來的，但也回不去了，畢竟是自己的個性
造成的，這算是我求學時期一個最大的遺憾吧！

　　還好因為熱愛跳舞（那時候唯一的嗜好），參
加了比賽，誤打誤撞進入演藝圈，要不然我真的無

法想像現在的自己是什麼樣子！當然更遇不到現在的老公，還生了三個可愛的孩子！這一切都要感謝我在演藝圈遇到了很多貴人天使，願意教我如何去面對與處理這些從來都沒有人教我的事，帶我越過了這些曾經最害怕的坑，把我從坑裡面拉出來！

超級感動這些一直鼓勵我跟陪伴我的哥哥姐姐前輩們，謝謝你們無私的給予以及影響，慶幸自己身邊有一些對的人，可以這樣的帶領我找到自己的自信跟價值，雖然要去克服跟適應這些恐懼花了好多年的時間，但現在想想，這些坑跌得太值得了！

當年那些跌坑的經驗，都變成現在重要的墊腳石，學會將心比心去體諒甚至原諒那些曾經傷害過我的人，當然也可以避免與人有不必要的衝突，所以有些時候跌坑不見得不是件好事啊！雖然當下跌

進坑很不舒服也很痛，但從坑底爬起來，我不再害怕與人相處，反倒交了很多莫逆之交的朋友。

　　如果你現在也正好處於不懂得跟人相處的黑洞裡，希望這本書可以給你一些方向，我們一起找到更好的自己與幸福，好嗎？（抱）

CHAPTER ONE
我 走 我 的 路

CHAPTER TWO
長 成 自 己 喜 歡 的 樣 子

CHAPTER THREE
幸福有自己的模樣

CONTENTS

我從來不怨人生太苦；
人生如果太順遂，
也許就遇不到最好的自己了。

CHAPTER ONE

我 走 我 的 路

沒有他，地球還是繼續轉動

　　我的人生第一場戀愛，發生在高一下學期，那年我參加轉學考進廣告設計科，以一個轉學生來說，進入一個全部都是藝術家的班級裡還真的挺令人緊張的，尤其那個時候的我又是不太愛主動交朋友的個性，沒想到我的第一個男朋友就這樣出現在我的世界裡，他是降級的學長，所以在我們班算是帶頭的男孩，很有個性也很有才華，重點是很像張震！

　　我還記得他坐在最後一排（那個年代帥哥都要坐在最後一排才能稱得上帥哥！），他很主動地跟我說話，也介紹其他同學給我認識，雖然都是男生——但我還挺喜歡這樣的，因為跟男生說話對我來說反而比較簡單，不需要注意太多細節，而且男生大部分都很講義氣，加上是他的好朋友，所以他們對我都非常照顧，可以說是被特別的對待了，好到讓我有種受寵的感覺。

　　重點大家都很有默契，很刻意地讓我們有很多時間可以相處，兩小無猜的我們下課不是一起聊天，就是一起到福利社，到後來他上學會來接我，放學也送我回家，久而久之就這樣成了所謂的班對，出雙入對到畢業。

　　這樣單純無憂的兩年多時光，真的是戀愛史裡很美很甜蜜的一段！他的呵護常常讓我覺得，好像這個世界上只要有他在，什麼都不用擔心也不用再煩惱！跟他在一起時，常常收到他的情書跟畫畫，偶爾會有一些甜蜜小驚喜，他就是那種會把星星摘下來給妳的無怨無悔型男友，很幸運在我的生命中遇到了他。

　　但戀愛再怎麼美好終究還是要回到現實生活，因為，我們畢業了……

　　接下來，要面對的不是以前兩小無猜的日子，而是無知又惶恐的未來！這是我人生中第一次遇到選擇愛情或麵包的問題，好痛苦的抉擇啊！畢業後，我們就沒有辦法像以前一樣每天碰面、每天手牽手去做任何事情，真的令人感到非常難受，也非常不習慣，畢竟長久以來的習慣被突然改變，真的很不舒服！

　　沒多久，他就收到兵單必須去當兵，而我也跟台北的經紀公司簽下經紀約，相愛的小情侶未來兩樣情，誰也不敢做出任何決定，深怕失去彼此。

　　直到要出發到台北的前一天晚上，我才下定決心做下要離開的決定，我們在電話兩頭哭得好慘好慘，我還記得我們天真可愛地說了很多不在乎天長地久只在乎曾經擁有的浪漫廢話，初戀男友也提出

當完兵後就跟我結婚的提議，希望我為他放棄演藝圈的工作，放棄到台北尋找夢想的念頭，跟著他過著平淡幸福的小日子。

現在回想起來，我真的可以理解他當下的無奈跟心痛！自己心愛的女孩要離他遠去，還要到五光十色的演藝圈工作，他卻必須去當兵，留在原地什麼都不能做，任誰也受不了啊！

那通電話最後是以沉重的祝福掛掉的，一直到現在還是依稀記得第一次失戀痛哭的心痛感。女孩們，如果是妳，當下會怎麼決定呢？當下的我真的好難受好難過，到底是要留下來，還是離開？當時兩個答案都有可能讓我後悔……

最後我選擇了到台北打拼，或許時光再重來一

次，我還是會做一樣的選擇。不是我不愛他，而是當下我更愛自己，也不想就這樣平凡地過一生；如果當時我選擇留下來，或許也會過著和現在一樣平凡安逸的日子，但那不是我當時想要的生活。

現在的我想和那時的他說：謝謝你，讓我有一段這麼棒的初戀，希望你現在過得好，也有很棒的人生。

這就是我的戀愛史裡第一次出現對的人、但時間不對的窘境，人生好像都會有這麼一個坑，那個時候在台北打拼少了一個可以甜言蜜語精神支持的另一半，真的以為世界會崩塌，但自己的選擇永遠怨不了別人，雖然難過了好長一陣子，過著生不如死的日子，天天以淚洗面，最後還是撐過來了！

　　我的初戀啊！這麼美好的一段日子，再見了！
不管如何，現在回頭再看，都是一段好青春好美好
的回憶。

一天到晚想做自己，
卻不知道自己是誰

　　來到台北之後我投靠了媽媽，因為單親家庭的
關係，從小我就不曾跟媽媽在一個屋簷下相處超過
一個月，加上長期被阿公阿嬤和初戀男友溺愛著，
我在嘉義過著有如大王般的生活，想幹嘛就幹嘛，
吃好穿好享受到不行，音樂隨心所欲催到最大聲，
就連作息時間也沒人管，阿公阿嬤採責任制的教養
非常自由，只要隔天有準時起床上課就好，完全不
知道寄人籬下的痛苦。

　　長期不曾跟媽媽生活在一塊，彼此的生活習慣
完全不同，根本就是南轅北轍，就連溝通都是一個
非常大的問題，媽媽也是第一次跟我相處這麼長的
時間，加上她很怕沒有把我教好會讓阿公阿嬤擔心，
所以採取以正常作息為主的方式，所有我個人的習
慣都全面禁止，對我來說，有如整個世界瞬間顛覆，
完全是天堂與地獄的差別。

　　那個時候正好是青春叛逆期，我一直想要證明
自己，表現自己，想怎樣就怎樣，總覺得只要不學
壞，應該要更自由地去闖蕩世界才對啊！

　　所以那個時候完全不願意接受媽媽的規定，覺
得媽媽那時候的管教很像在孫悟空頭上套上緊箍咒
一樣，痛苦至極的管控，也讓才剛失戀、心情還沒平
復的我，天天跟媽媽吵架，加上開始認識新朋友後，
常常跟朋友出去玩，更讓媽媽擔心，最後我連去哪
裡都懶得回報，完全不願意遵照她的規矩過生活，
反正我說什麼她都不信，只覺得我為了反抗而反抗。

　　媽媽是一位非常堅持的人，基本上無法溝通也
無法協調，我也不願意退讓，硬碰硬的生活在一起，
關係已經很緊張了，再加上媽媽要求的衛生習慣也
讓我超想逃脫這個家！

　　她要求家裡完全不能有一根頭髮掉在地上，使用完浴室永遠都要保持乾爽狀態，連洗手台跟浴缸都不能打濕，吃完飯後碗或杯子要立刻洗好，就連看電視都不能太大聲，更不用說是聽音樂了！

　　除此之外，媽媽還要求我穿衣服要得體，不要老是穿著背心熱褲跑來跑去！沒多久我們母女的關係就降到冰點，媽媽完全無法跟我講話，於是她發明了日曆紙溝通法，使用每天撕下來的日曆寫下要讓對方知道的事情；這樣的生活過了好幾個月，我覺得非常痛苦。

　　說真的，那個時候感覺非常沮喪而且難過，但又覺得自己沒犯錯，面子掛不住也不願低頭，現在想想何必呢？唉！年輕人終究是年輕人……

終於在某天，我們徹底鬧翻了！

那天下午我從市區準備回家，有個想追我的男生提議送我回家，當下沒想太多，覺得有人可以一路陪我聊天也挺好的，結果他在路上就說想上廁所，但媽媽家在山上，沿路完全沒有可以上廁所的地方，只好帶他回家借用廁所。

進家門之前，我打了一通電話給媽媽，想確認她有沒有在家、需不需要跟她報備，接通後知道她不在家，本著不想生事的心態也就沒有跟她說我要帶朋友回家上廁所。

回到家，這個男生朋友真的直接往廁所裡衝，我不以為意地在客廳看電視，沒想到，跟電視上一樣戲劇性的事情發生了——

　　家門緩緩打開，媽媽帶著一臉懷疑的表情走進來，就這麼剛好，我的朋友正好上完廁所走出來，媽媽看到他，臉上一副「妳看！我就知道有鬼！」的表情，我慌張地想解釋，我的朋友也被我的舉動嚇到，很緊張地跟媽媽打了招呼，一切的一切真的就是百口莫辯啊！

　　明明就是一件借廁所的小事，演變成我事先測試媽媽，確定她不在家就乘機帶男生朋友回家的大事！

　　我的媽啊，有沒有這麼剛好啦！這對我的打擊真的非常大，因為本人此生最討厭的就是被誤會！

　　最後我的男生朋友慌慌張張地說了再見就腳底抹油快速離開現場，那種氛圍連我都想「落跑」了！

接下來，媽媽劈頭就問我為什麼要騙她，還這麼狡猾地打電話探聽她什麼時候回家，一連串的指控讓我完全被激怒，加上媽媽立刻拿起電話打給最信任我的阿嬤告狀，直接壓斷了我理智線的最後一根稻草！

當下我直接對媽媽怒吼：「為什麼妳就是沒有辦法相信我？為什麼妳處處為難我？為什麼妳這麼討厭我？為什麼我就是不能做我自己？」這些日子以來相處的不舒服跟委屈，一觸即發地爆炸了！

媽媽的表情從懷疑變成憤怒，突然間她一個耳光甩過來，到現在，我還可以感受到那時臉上慢慢脹熱的感覺，難受的不是臉痛而是心痛，這一巴掌完全打碎了我跟她之間的關係，我痛哭失聲，完全無法置信地回到房間，立刻打包行李直接開門準備

離家出走。

　　正當我要走出家門的那一刻，媽媽又冒出一句：
「有種出去就不要再回來了！」

　　這下我完全被擊垮，頭也不回地甩了門離開。
為什麼要丟出這一句話？我到底做錯了什麼？幹嘛
那麼嚴格？幹嘛不相信我？總是要這樣讓我難看？

　　那天我頭也不回地用力關上那扇門，真的再也
沒有回媽媽家，也開始了一個人在台北生活的獨立
日子，那個時候我還不滿 20 歲！

　　離開媽媽家之後，我真的窮到要被鬼抓走了！
窮到沒錢吃飯跟坐車，連跟朋友出門也靠他們救濟，
幫忙買單，那個時候才知道住在媽媽家其實也沒那

麼慘，雖然生活有很多限制，至少吃喝沒問題，還
有能遮風避雨的溫暖大床好睡！（我想這就是青春
叛逆期最大的懲罰吧！）

　　還好沒多久就幸運地在唱片公司的安排下住進
4 in Love 的宿舍裡，真正擺脫流浪的生活。四個女
孩每天集訓加錄音，發了兩張唱片之後更是忙到連
睡覺的時間都沒有，只能在飛機上或趕通告的車程
裡補眠，這樣的日子過了快三年，時間一拉長，也
忘了家裡那些難過跟悲傷的事情，感覺一切都很順
遂，直到 921 大地震……

　　一場地震震垮了台灣的經濟以及整個演藝圈，
所有的外資撤離，隔沒幾天，唱片公司就把所有的
藝人跟工作人員全部解散裁員，只留會計，我記得
那天我們突然被經紀公司叫到會議室開會，得知我

們要解散的消息，震驚之餘、措手不及的同時，當時主管問了一題，直接把我從天堂又拉回現實生活。

他問：「請問接下來妳們有什麼規劃嗎？我想聽聽妳們的意見來做安排。」其他三位團員陸續以簡單扼要的方式告知主管她們想走的方向跟未來努力的目標，最後輪到我的時候，我居然一句話都說不出來！

說真的，我不知道我要做些什麼，除了一開始來台北跟媽媽不愉快的那段日子吵著要做自己之外，我再也沒想過要做些什麼，所有的生活都被唱片公司規劃安排著，連吃飯這種日常小事也不用擔心，天真的以為可以一輩子都過著這樣的生活。

後來，主管接著又問：「難道妳都沒有替自己

的未來做一些打算跟安排嗎？」我只能低著頭，不發一語。

　　回宿舍的路上，多年前離開媽媽家那種沮喪跟難過的感覺又讓我失去了方向。為什麼我講不出一個夢想？我的人生該何去何從？回嘉義嗎？還是回媽媽家？突然一堆問號排山倒海地淹沒了我，眼淚不爭氣地奪眶而出，結果回到宿舍，又聽到三天後宿舍要收回去的最後通牒，一連串晴天霹靂的消息讓我不得不去面對大人世界的現實。

　　我跟自己說：我要冷靜！我要好好的思考！不能再像小朋友一樣每天嚷嚷著說要做自己，卻一直都沒有進步，也沒有好好認真面對自己的夢想跟目標。我知道自己不能再當井底之蛙，真正成功的人對於未來的規劃跟安排都很有想法，最重要的是他

們對自己超級負責，不是只有嘴巴講講，而是努力
讓自己更好，更有競爭力。

　　回想起每次聊到夢想，我都只是默默聽著，不
發一語，越聽越自卑，也越來越沒有自信，慚愧自
己好膚淺，只是一味地覺得做自己就是我行我素，
一直自以為是地不管其他人的感受，就連最親近的
媽媽也不願意妥協，一想到她傷心難過的臉，實在
令我非常內疚，那個時候我才開始意識到我根本不
認識自己，我連自己要什麼都不知道，只能假裝很
陽光很正面很有希望，其實我好心虛也很不踏實，
只是硬撐著不說罷了！

　　現在回想起來，還好那個時候遇到這樣的打擊，
才真的讓我開始嚴肅地看待自己接下來的人生計
畫，然後收起悲傷的心情，重新跟主管虛心討論接

下來的去留。感謝當時的主管蔣哥給了我很大的信
心,讓我沒有離開演藝圈,而是加入了我最愛的綜
藝圈繼續生根工作著。

　　真正離開 4 in Love 之後,也讓我變得比較成
熟,畢竟所有事情都要靠自己了!以前還可以躲在
團員後面,現在不管發生什麼事都要自己扛。

　　工作漸漸穩定之後,有一件事情還是一直卡在
我的心裡沒有解決。跟媽媽斷斷續續地聯繫也好幾
年了,我覺得應該好好面對這件事了,人說百善孝
為先,自己的媽媽有什麼好生氣跟不舒服的呢?

　　鼓起勇氣之後,我打了一通電話約媽媽見面,
當面跟她道歉,也為自己年輕氣盛的叛逆期劃下了
一個句點。

　　直到當了父母之後的現在，真的是完全可以體
會媽媽當時的心情，沒有人一開始就會當父母，她
只能用自己僅有的判斷來教導小孩，雖然用的方法
很激烈也很武斷，對於當時正在叛逆的我來說只有
反效果，但她也是盡力了！

　　為此，跟天下所有的媽媽致敬，真的是辛苦妳
們了！也因為當年跟媽媽有這樣慘痛的經驗，現在
教孩子的時候我時刻警惕在心，不要讓親子的關係
建立在一個彼此都不願意信任的模式下，因為，被
信任真的是一件很重要的事情！

　　包括夫妻之間，朋友之間，相處上最重要的就
是「信任」這兩個字，除非有人先破壞了這樣的默
契，要不然其實這是最好的相處方式。

　　每跌一坑學一課，這些都是人生中最好的課題。
我從來不怨人生太苦；人生如果太順遂，也許就遇
不到最好的自己了。

如果人生
像跳舞比賽那麼簡單就好了

　　從小到大，在學校參加舞蹈比賽對我來說有如家常便飯，我天生熱愛舞蹈，只要把舞步記熟，隊形走順，再加一點個人創意，沒有第一名最起碼也有前三名！（好啦，那個時候我真的還蠻臭屁的）加上學生時代生活非常單純，不太需要去討好誰，也不用看誰臉色，只要好好跟其他團員培養出默契，在舞台上滿滿都是我的大平台啊！

　　但當了簽約藝人之後，開始不停的團練、錄音、上表演課，就連談吐也有專門的老師教導，把自己平常的興趣變成了工作。好不容易擠出一些休息時間，還會被經紀人抓去練習面對大眾說話的技巧，尤其是媒體發表會或餐會，一定要特別討好媒體大哥大姐們，經紀人會耳提面命的交代我別丟臉，然後說：這個記者大哥這樣問妳要這樣回答，那個記者大姐給妳機會發言一定要抓好機會，千萬不要漏

氣；尤其是妳笑的時候頭不要往後倒，最好是下巴下壓 15 度淺淺的笑，不要露出牙齦即可，千萬不要笑出聲音，太輕浮了！還有，盡量少吃一點，妳那麼胖站在其他團員旁邊真的很不好看，自己想辦法敬業一點，不要浪費我們的時間跟心血……

　　天真的我，本以為世界是多麼美好，人類是多麼善良，結果現實完全打破了我的美夢，直接把我摔進地獄。新人時期什麼最惡毒的批評我都聽過，常常被罵完還裝沒事，可是一轉頭沒人時就哭了，每天壓力都大到不行，所以我人生中最「飄」的時期就是在 4 in Love 的時期，身高 162 公分瘦到 42 公斤，拍照完全零死角，公司滿意得不得了！但漂亮的背後，我的胃早已出了問題，而且還有一點厭食，偏偏這種病態美在當時的演藝圈備受推崇，現在回想起來，真的覺得當時的自己好可憐。

　　等到生完三個孩子之後，才後悔當初為了漂亮，那一陣子什麼奇怪的減肥法都試過，最後直接把自己的身體搞壞，現在不得不忍受身體的反撲，最嚴重的是我動不動就會胃痛，緊張也痛，吃錯東西也痛，感冒更是痛到歪腰，前一陣子還胃痙攣痛到掛急診，簡直生不如死！還好除了胃不好之外，其他的還沒壞掉，居然能生好生滿三個孩子，真的是謝天謝地啊！

　　有的姐妹們因為年輕時把身體搞壞，為了生小孩，現在需要花很多錢調養身體，要不就是懷孕過程非常痛苦；在這裡奉勸姐妹們，對自己好一點，對於美麗的外表別過度苛求，這些遲早都會一筆一筆討回來的！

　　因為自己在外表上面的不完美，導致內心的黑

洞開始形成一個極度沒有自信的漩渦，被捲進漩渦
的我，做任何事情都感到無力，甚至懷疑自己變了，
變得很不快樂，很不滿足，自暴自棄，常常很困惑
自己到底是誰，與青春洋溢、無憂無慮、單純自在
的自己越來越遙遠。

　　後來，我真的生病了！雖然還是依然過著錄影
生活，攝影機燈一亮，開心快樂的那個黃小柔就會
跳出來，手舞足蹈地好像沒發生過任何事，完成每
一個工作；可是每天回到家之後，低潮籠罩心情完
全快樂不起來，看了三年心理醫生，吃了三年的百
憂解，每天很像行屍走肉一樣，還曾經想要從自己
的住家就這樣一躍而下結束所有的感受，實在是太
恐怖了！

　　這一切的一切，都是因為我根本不夠了解自

己想要什麼，生活完全沒有重心，只想變成別人口中說的那個自己，非常在意別人的想法，卑微到四不像，然後又回頭懷疑這樣到底是不是我想要的生活？在一堆矛盾又打不開的死結裡，把自己困住了！

　　忘了到底是哪一天、哪件事讓我突然覺悟，要是再這樣卑微沒有自我地活下去，怎麼對得起把我養大的阿公阿嬤？難道我為了在意別人的眼光，這麼點小事就被擊垮嗎？難道我真的一點能耐都沒有？靠著自己的信仰以及身邊家人朋友的陪伴，慢慢努力心理建設自己，一步一步艱難地走出來，最後才脫離那段黑暗時期。

　　我重新調整了自己的眼光，開始學會擁抱自己的缺點，不去在意那些完全沒有營養也沒有建設性

的造口業壞話，我的人生我自己掌握，我長得夠不夠美？夠不夠瘦？夠不夠圓滑那又怎樣？不是你來定義的，老娘就是這個樣子！

我就愛原本簡單的自己，男孩子氣，不喜歡嬌柔做作，笑聲就是這麼大聲並且頭會往後仰，我已經沒有再追求那種病懨懨的美，而是為了健康和身材的線條，開始運動、持續重訓，現在我的自信來自於我的內在有多少累積跟智慧並存，讓我可以非常從容自在地享受人生的每一刻，再也不去理會那些膚淺的攻擊。

或許人生不一定會遇到這樣一個激烈破繭而出的時期，但一定會遇到如何定位自己的撞牆時期，別害怕，要相信這世界上總是最特別的人才會被打擊，就是因為我們太特別才顯耀眼，這些小鼻子小

眼睛的人就是恨不得我們跟他們一樣平庸！

　　當然人生有很多不一樣的選擇，有很多人放棄自我，變成他們口中的那個人，繼續討好繼續在那個沒有自信的黑洞裡自憐，但，那絕對不是我！我是不可能選擇盲從、沒有自我地過生活，能接受自己的與眾不同是多麼棒的事情，當我接受自己並且愛上自己原本的模樣之後，我就遇見了我的先生……

　　原來把自己活得漂亮真的不是難事，難的是妳能不能愛上原本就有缺點的自己。

　　愛上了，就會發光了。

賠錢貨也值得幸福

　　每次回想雙十年華的戀愛史，嘴角都會忍不住上揚，因為實在是非常精采。那個時候在工作上沒有辦法得到很大的成就感，所以在感情上面有很多寄託。可能因為來自單親家庭，從小就沒什麼安全感，總是幻想自己可以遇到人生中的 Mr.right，然後像童話故事從此幸福到永遠那種不切實際的情感，最重要的是遇到挫折跟難過，有個避風港可以躲避，可以依靠。

　　越是這樣想望，越是事與願違，也不能說我遇見的那幾位男孩不好，只能說他們也還沒準備好，畢竟像我這樣飛蛾撲火般的力道，對他們來說壓力也是滿大的，在雙十年華裡面的他們也是孩子啊！只是假裝自己可以掌握一切，但絕大部分也都是在歷練，況且花花世界裡面他們也在尋找那個真的契合的另一半……

　　呃，說得如此漂亮、想得正面，其實只是長大的我，懂了很多之前不明白的事情，想安慰小時候的自己。回頭去看以前的我，愛得這麼勇敢、這麼用力，還是感到心疼啊！如果跟我一樣想在感情上面找到安全感，我真的勸妳，靠自己比較實在！讓自己變強一點，很多事情上面完全可以獨當一面活出自我，別老是想靠著男人得到一絲絲的憐憫跟寵愛，通常還沒得到之前就被甩了！

　　倒不是說這世界上沒有這樣的男人可以交託，而是在還沒找到那位對的人時，別把自己的脆弱無限放大，盡可能不要全部梭哈，因為那真的很笨！而我就是其中那一個笨蛋。

　　有幾任「前男友」的確讓我擁有過短暫激情的蜜月期，你濃我濃分不開，每天都要黏在一起，燃

起想當好老婆的祥和之兆！甚至還沒嫁給他就已經
開始面對男孩們的家庭，把自己當準媳婦經營，甚
至也不太計較金錢上面的援助，畢竟我把自己看得
太偉大了，我做好隨時奉獻一切的打算，只要他開
口，肯定使命必達！

　　結果換來的，是一次又一次的被傷害，有偷吃
的、有突然消失的、有秒分手立刻結交新歡的（還
穿著我送他的衣服跟包包約會被我撞見）！在傷心
難過之餘，更慘的是還在廁所聽到朋友在門外大聲
嘲笑我真是個賠錢貨，每次都會遇到這種負心漢，
還人財兩失，有夠可憐！躲在廁所裡面泣不成聲的
我聽得心好痛，怎麼會這樣呢？一次就算了，還好
幾次！實在慘到了一個極點！

　　雖然一直跟自己說，不能再這樣笨下去了，同

時也已完全失去信心，放棄感情，呈現一種喪家之犬的心態，反正不會遇到幸福的，何必又要這樣執著地愛下去呢？消極了好一陣子，這一切的一切，我的好大哥小康哥都看在眼裡，有一天他像朋友一樣跟我促膝長談，當然第一句話劈頭就先說我看男人的眼光實在是有問題，他都看不下去了！

看著我老是為了男人改變一切失去自我，卑微的犧牲還沒有被珍惜，他總覺得我哪天會醒來，知道自己是有問題的；沒想到並沒有，只能逼得他跟我開門見山說清楚講明白。

小康哥說到了一個重點，那就是我完全沒有體悟到問題本身絕大部分是來自於原生家庭沒有安全感的投射，所以想寄託在每一任男友身上，這是一個很笨的決定，加上我選的都是不對的人，才導致

感情屢次失敗。

　　他說的沒錯，我不夠愛自己，才不會被珍惜，
也害怕被拋棄，所以更是無怨無悔地想讓對方覺得
我是這世界上最棒最好的另一半，到最後都落得食
之無味、棄之可惜的結局。我很感謝小康哥這麼老
實地告訴我這些話，因為認清了這些才讓我完全醒
過來。

　　女人不夠愛自己之前，不會遇到珍惜妳的男人，
與其在別人身上花時間，倒不如投資自己，讓自己
活得更美好，更有魅力，在自己準備好的那一刻，
懂得欣賞最真實的妳，來追妳的才是真愛啊！

　　後來我接受小康哥的建議，先不要談戀愛，好
好地花點時間多愛自己一些，等待那個對的人出現。

現在的先生，就是小康哥介紹給我的，之後整個局面有如神助，根本就是人生倒吃甘蔗的幸福發展，談了一年多的戀愛後嫁給他，至今已經是三個孩子的媽了！

還沒遇到先生之前，我都覺得自己這輩子應該不會得到幸福了吧？現在卻可以過著簡單幸福的生活，所以呀，只要對的時間、對的人、對的態度，真的可以完全做自己又被捧在手心上疼愛。

現在回想起愛情邱比特給我的建議，心中真的充滿感謝，也希望我慘烈的愛情史可以讓還在受苦受難的姐妹們一點鼓勵。

相信我們自己，我們絕對都值得幸福。

我和爸爸、媽媽、姊姊。

4 in Love 時期的我們就像四胞胎姐妹花一樣，穿衣服一定要同一個顏色，但不一樣風格，這樣持續了三年多！好想念那樣無憂無慮的日子…

解散後 19 年再次在舞台上合體，這樣的畫面實在是太感
人，雖然現在每個月還是會定期碰面，至於下次舞台上
見不知道要等到什麼時候了？

女孩們的社會課

　　自從加入 4 in Love 出道之後，我們一起度過將
近四年的團體生活。有人說三個以上的人口就是一
個小型社會，什麼都講求少數服從多數，幾年一起
生活下來，大家的生活習慣都不同，喜好更是天壤
地別，所以這些年我學會敞開心胸去適應跟妥協，
學會如何團體生活，遇到問題大家投票決定，不是
自己想怎樣就怎樣。

　　從小不擅長人際關係，也不愛交朋友的我，因
為姐妹們朝夕相處，親密到連上廁所都要一起去，
深深體會到有姐妹真好，可以這樣彼此互相照顧，
喜怒哀樂都可以一起分享，才讓我開始慢慢融入團
體，愛上群居生活，雖然有些時候我還是非常熱愛
享受自己一個人的自由。

　　現在想想，還好有那幾年的磨練跟相處，減輕

了我對交朋友的恐懼,覺得跟人相處好像也沒有自己想像的那麼難。

　　就這樣,在這個時期也開始交了一些朋友,開始擁有自己的朋友圈。

　　4 in Love 解散之後,我的個性整個大解放,變成一個很愛玩的女孩,天天都要出門,跟朋友泡在咖啡廳、KTV,沒事就愛一大群人四處遊蕩,那個時候交朋友都沒在挑,常把魔鬼當天使,跟之前單純的團體生活落差非常大。

　　記得我爸小時候常常跟我說,觀其友知其人,物以類聚,妳跟什麼樣的人來往就會變成跟她們一樣。

　　真的！那時候因為朋友的關係，認識了幾個很漂亮的女生，以為可以跟 4 in Love 一樣，很單純很放心的友好，完全沒有任何戒心開始當朋友，跟她們在一起非常開心，走到哪都有人注目，男生都會搶著買單，讓我感覺有這些朋友真的很威風！

　　後來我的個性就開始慢慢的扭曲變壞，就像一個小大人，天不怕地不怕，還學會抽煙喝酒！因為常常膩在一起，過著糜爛的生活，很快就讓我跟她們以姐妹相稱，每天孟不離焦、焦不離孟，過著自以為感情很好的生活。

　　後來我跟這群裡帶頭的女生愛上同一個男生，那個男生一開始對我有意思，每天跟我出門約會就像正常交往一樣，但沒多久因為我而認識了這個姐妹之後，他們就開始偷偷的曖昧，常常會打電話聊

天。

問題是，在我介紹他們認識之前，這個姐妹就知道我對這個男生有好感，而且也在約會，如果是朋友的話，應該都會保持距離吧！怎麼會這樣背著我，偷偷地跟他私下聯繫呢？

當我得知這件事情，非常不能理解地打電話給她，問她幾個問題後，她開始暴怒，直接翻臉大罵說，要不是跟她們在一起，變得比較有自信，那個男生才不會看上我！叫我不要以為自己真的很正，我現在的光芒都是她們給的，而且那個男生根本不想跟我在一起，我只是備胎，一點都不重要，他喜歡的其實是她！

最後還叫我不要自作多情一直纏著那個男生，

也不要再跟他聯絡，因為他們準備要在一起，然後就掛了我的電話。

當下我真的非常錯愕！這分明就是做賊心虛，故意壯大聲勢罵了我一頓，說得好像真的一樣，還莫名其妙掛我電話。

重點這個事件還沒結束，之後她開始到處放話，說我搶她男朋友，居然還說我理直氣壯的去找她理論，而那群姐妹為了要討好她，也跟著隨風起舞一直說我壞話，在朋友間傳得沸沸揚揚的，這本末倒置的罪名，讓我心碎了！

原本推心置腹的姐妹情誼怎麼會為了一個男生變得如此不堪？

　　我瞬間大夢初醒，原來她從頭到尾根本都沒有把我當作姐妹，只是覺得多了一個藝人朋友，可以到處玩樂，還可以炫耀！

　　最後我選擇不再跟她們聯繫，也不理會她們一直亂說，雖然那個男生有傳簡訊來解釋，也一直打電話想挽回，但我決定拒接，也不回電話，直到他不再打電話來，這件事情才真正落幕。

　　雖然那個時候一直覺得自己很委屈，但現在想想，也不能完全怪她們，要怪就怪自己，畢竟是我自己選擇的朋友，所以自作自受，活該！

　　而這場自以為是好姐妹的友誼之夢也就這樣破碎了！

　　多年以後，某次巧遇那個男生，他才跟我道
歉，說他不應該同時搞曖昧，害我們姐妹情誼破裂，
而他跟她在一起沒多久之後，就劈腿喜歡別人了！
（暈～）他說當時那個姐妹每天跟他講電話，都在
說我不好，把我說得有夠亂，這樣挑撥離間才讓他
們越來越靠近，他也坦誠很後悔跟她在一起，因為
在一起之後，才發現她每天都在說別人壞話，常常
跟身邊的人比較，又很愛算計，他最後受不了，才
會劈腿！那個姐妹發現後，哭得死去活來，說她選
錯人了。

　　唉，小時候的我們都不夠成熟，見色忘友雖然
糟糕，但這個男生喜新厭舊的個性也夠爛的！

　　這個事件讓我學到君子之交淡如水、小人之交
甜如蜜，沒必要什麼都跟別人掏心掏肺，做一個雪

中送炭的人比一個錦上添花的白癡有意義多了！

　　還好往後這幾年遇到的朋友都亦師亦友地幫助我走出糜爛的日子，不好的習慣也都戒了，最感謝的是再也沒有碰到這種幼稚無比的事情。

　　交到好朋友真的是帶妳上天堂，增智慧；遇到狗屎般的朋友，只會搞得自己名聲超臭，人人避妳而遠之。

　　藉著這個故事，是不是也提醒妳，該是時候整理一下朋友圈了？好好省思一下妳身邊的，到底是益友還是損友。

當我還是個學人精

　　不知道大家覺得女人幾歲之後才能擁有迷人的自信，自在地徜徉在任何場合，毋需太華麗的裝扮，舒服的外表、深刻的幾句對話就會馬上對她印象深刻？

　　擁有這樣魅力的女人我曾經見過，以前我常黏著身邊的大哥們吃喝玩樂，因為那個時候的我超窮，還好哥哥們都不嫌棄地帶著我這個拖油瓶陪他們享樂人生。我記得有一次餐聚的時候，哥哥們介紹了一位姐姐給大家認識，她就是這樣女神般的一個存在。

　　她外表非常有氣場，但不是那種妖豔大波浪捲髮的香水辣妹型，她說話的方式很女人，而且非常有禮貌，感覺家教特別好，連微笑的時候都好美，跟她談話時周圍彷彿散發一種奇特的魅力，令人感到非常舒服。

　　之後的幾次聚會她都會出現，每次我都在旁邊偷偷觀察甚至有點崇拜地盯著她。這位氣場姐姐的舉手投足，總是從容不迫，讓人賞心悅目，感到如沐春風，句句對話拿捏得宜，在那個時候她簡直就是我的繆思女神，偶爾出現小女孩羞怯的溫柔笑容，偶爾又帶著女王式萬眾矚目的氛圍，百變模樣真的太迷人！

　　她真的太吸睛了，我內心充滿崇拜，好想變成她那樣，於是她的樣子整個深刻在我的心裡，不自覺地開始模仿她的一顰一笑，就連說話的口氣都百分之八十以上相似，以為這樣就會讓我感覺跟氣場姐姐一樣，讓人印象深刻又感到愉悅。

　　但不管再怎麼自然，畢竟還是學人精，反倒讓我看起來一副很有事的樣子……

　　有一天我真的忍不住私下約了這位氣場姐姐，
直接開門見山地請問她，怎麼才能跟她一樣迷人？
為什麼我都學不來？我也好希望跟她一樣懂得自己
要的是什麼，而不是像現在這樣一點魅力都沒有。

　　而她果然跟她的個性一樣良善美好，真的很像
親姐姐、像家人一樣開導我，引導我，就在這時，
我人生中最重要的導師之一出現了！

　　她教會我如何坦然面對自己的個性，找到舒服
自在的談話方式，她還告訴我，會茫然、會羨慕都
是很正常的，代表我開始長大，開始想進步，所以
嚴格地審視自己，小女孩想變成小女人的憧憬，拿
放大鏡開始找自己麻煩是最基本的。

　　一開始難免跟小朋友一樣，容易自卑，也容易

迷惘，總是從模仿開始，後來才慢慢摸索著找到自己的樣子，開始更懂得如何表現自己，欣賞自己。

　　她還告訴我一件很重要的事：迷人的女人需要學會沉著，必須擁抱自己的缺點，與它共存，然後試著保護它，別讓它輕易地顯露出來，這是需要練習的！

　　千萬不要因為在意自己的缺點而顯現出更沒自信的樣子，一個女人最美的樣子除了外表，內心強大也是非常吸引人的，珍惜每一次跌倒的經驗，變成寶貴的 know how，累積不同層次的感受，就會變得與眾不同。

　　接下來，記得常常充實自己，時常保持好奇心，不要排斥新東西，多看多聽多學習多試著交往有深

度的朋友，久而久之心境自然就會改變，好的會留下，壞的自動淘汰，去蕪存菁之後往前走，慢慢的就會發現自己進步了，變得有自信、有氣場。

謝謝這些道理，這麼多年來，如果我有變成更好的人，都是這位氣場姐姐影響我的，她甚至還傾囊相授，教會了我餐桌上的禮儀及對話的應對進退，真的很感謝她一直陪伴我，讓我勇敢地認識真正的自己，接受自己，不再委屈，不再羨慕，不再茫然，不需要每個人的認同。

這幾年夜深人靜的時候，常常還是會想起當時她說的話，真的很受用！

人生中有一位好老師、好朋友、好閨蜜真的太重要，謝謝我的人生導師、我的恩人、我的乾媽──

心湄姐，謝謝妳在我人生最沮喪最沒有自信的時候，無私的陪伴跟引導，讓我的生命更完整更豐富。

也願所有姐妹們都可以在自己的生命裡遇到這樣一位迷人的天使；或變成能夠這樣幫助別人的天使。

謝謝這些好男孩們，
和那些年我們一起談的戀愛，
謝謝你們，
讓我長成更好的人。

CHAPTER TWO
長 成 自 己 喜 歡 的 樣 子

只想成為男朋友喜歡的

　　從小我就是一個非常中性的女生，不管什麼時間或場合，能穿褲子絕對不會選擇裙子。但是，直到開始約會之後，這一切都改變了！

　　我記得有一次跟某任男友約吃晚餐，電話那頭的他說希望我可以穿漂亮一點，最好很辣，我問他為什麼？他說他想讓他的朋友羨慕他有個這麼正的女友。雖然我不太懂他的堅持，還是決定試著成全他的要求，我說服自己：沒關係，就試著改變一次看看，讓他看到我的時候真的嚇一跳，覺得「哇噻！我女朋友真的好正！」，當然，也是希望這一次的驚豔會讓他對我更加著迷。

　　那晚動用姐妹們的所有心思，她們幫我精心搭配了一套性感到不行的洋裝，我記得是件平口黑色絲質洋裝，配上七吋黑色尖頭高跟鞋跟大波浪微捲的頭髮，噴上迷人的香水才出門。說真的，當下我覺得自己

正到不行,在計程車上的時候,我不得不否認有抹
得意的笑容掛在臉上,並且開始幻想下車那一刻,
有如女神降臨光芒萬丈的氣勢完全震懾住當時的男
友,看到我如此性感的打扮,他肯定是愛慕到不
行……

　　抵達約會餐廳門口,男友非常紳士地出來迎接
我,我像頒獎典禮走紅毯般優雅地下車,此時氛圍
跟我夢想的一模一樣,我得意到快飛起來了!結果,
離開餐廳要前往下一個地點,正在路邊攔車的時候,
不太會穿高跟鞋的我不小心拐了一下,導致重心不
穩,踢到擺在路旁的交通錐……於是一切的一切就
這麼幻滅了!

　　呃,我不但摔了一跤,還以滑壘之姿跌進剛下
過雨的水坑裡,整個臉朝下跌了個狗吃屎,頭髮泡

到污水裡，妝也糊了，更丟臉的是小洋裝直接翻到肚臍下方，內褲就這麼赤裸地露出來（還好當天內褲不醜）……天啊，這種無敵尷尬外加丟臉丟到家的事怎麼會發生在我身上！都怪我搞什麼變裝，直接糗到不行，超想死的！

當下，我不管男友的關心與呼叫，根本是落荒而逃地攔了計程車逃離現場，直接逃回姐妹家。她們打開門看到我的窘樣，也是睜大了眼睛不敢置信！看到她們，我終於崩潰地直接大哭，一邊哭一邊描述讓我生不如死、丟臉到一個不可思議的過程。

為什麼會是這樣的結局呢？最後我不得不承認那不是我擅長的自己，畢竟從只愛穿褲子、踩球鞋的習慣，要 180 度大轉變，裝成正到不行、令人垂涎的模樣，完全沒有衡量自己是否駕馭得了？很顯

然也很殘酷的，我失敗了！

　　那個晚上我哭到一個昏天暗地，就連男友打電話來，我也無法接電話，超想直接消失的！可憐的女孩，原本只想好好表現一下，哪裡知道會弄巧成拙，這個慘劇到現在我還是永生難忘啊！

　　另外一段戀愛，剛約會的時候，男孩在聊天的過程中透露出非常喜歡長髮披肩的女孩，還說只要是美女都會留長髮，衝著這句話，那天之後我開始留起長髮，我直接放棄自己原本的樣子與個性，變成他心中完美女孩的形象跟他約會，留著快過腰的長髮，言行舉止盡量都像他說得那樣溫柔貼心，但是最後他還是劈腿了，而且手上牽著的是短髮女孩。

　　還有一次，一個跟我約會的男孩告訴我，他喜

歡獨立的女孩，獨立到連生病都能自己想辦法，盡可能什麼都可以自己搞定的女孩超級迷人，這種才是真的適合娶回家當老婆的人！還說他最討厭軟弱又老是想依靠男人的女人，因為這是一種公主病的開始。聽完他的分析，我居然相信了這件事，為了成為他說的那種女孩，我開始什麼事情都自己解決，就算兩個人好幾個禮拜都沒有通電話和見面，我依然相信我只要夠獨立，把自己照顧好，他就會深愛著我，然後把我娶回家；最後我發現他因為去照顧一個跟他曖昧的女孩，連分手都沒跟我說就直接跟她住在一起，最後傳了一個簡訊跟我說那個女孩生病了需要他的照顧……

　　以上這幾個很慘的例子，我想表達的是，千萬別為了男人的幾句話就輕易改變自己，就算妳真的變成他說的那個樣子，他也不會迷戀妳太久！與其

這樣，倒不如好好愛自己，因為最舒服的關係就是在他面前可以自在地做自己，而他就是因為這樣才為妳著迷，這才是最好的方式。

　　年輕不懂事時，我們只想成為男朋友喜歡的自己，甚至覺得這是一種愛的表現，於是選擇犧牲自己來迎合對方，換取所謂的愛情，但說實在的，就是他們根本不欣賞原本的妳！這真的很過分，因為就算女生做了再多的改變跟努力，最後像個笨蛋一樣連自己的模樣都跟著賠進去，也換不到愛啊！

　　請記住，愛妳就是接受妳，欣賞妳每一分每一秒的樣子，少拿藉口來告訴妳什麼才是最好的。請相信自己，這輩子妳就是這麼的獨一無二，知道嗎？

傻妞向前衝

　　戀愛總是讓人著迷，尤其是在剛萌芽的時候。他是在一次跟朋友聚會的時候認識的，很斯文不太多話，笑起來特別可愛也很靦覥，完全就是我的菜啊！我們交換電話後，幾乎每天都會傳簡訊給彼此，後來開始約會看電影吃飯，不到一個月的相處，我們就在一起了！在一起前，他提出一個要求，因為我是公眾人物，他很擔心我們的感情還沒穩定前很容易見光死，他說，他很珍惜這段戀情，希望我能夠答應他不要公開戀情，用祕密交往的方式，連朋友都不要透露。

　　在愛情沖昏頭的當下，我什麼都願意，所以每次約會都只有我們兩個人，連走在路上都要一前一後，剛開始我只覺得他可能真的很想保護我才這麼做，但日子一久，內心開始有點不太平衡，好想大大方方牽著他的手，不畏懼任何眼光享受這段感情，

而不是每次都要偷偷摸摸地約會。

當我提議是不是可以公開戀情的時候,他非常婉轉的告訴我,他喜歡現在這樣的相處模式,尤其他是不愛被注目的個性,這樣的低調讓他感覺相當輕鬆,他還告訴我這些日子跟我相處下來越來越愛我,特別是我的體貼跟懂事讓他很訝異,因為這樣的女生真的不多!

好吧,我被灌完迷湯之後,還是被說服勸退了!直到他的生日快到了,我建議一起去度假,順便浪漫地幫他慶生,但他馬上回絕我,表示朋友會幫他慶生,這是很早之前就已經決定的事,只是他忘了告訴我!當下聽到可以跟朋友一起慶生的時候,我好開心,終於可以跟他的朋友碰面!我巴不得讓全世界知道我們在一起這件事,但他面有難色的說他

沒辦法帶我去，因為都是男生，加上他們兄弟之間有個不成文的規定，就是聚會的時候不能帶女朋友。

聽到這裡，我的眼眶忍不住紅了起來，我問他為什麼連這麼特別的日子也不能例外？我又不是外人，為什麼不能特例？但他刻意轉移話題，敷衍的說等時間到了再說吧！他會試著跟兄弟討論看看，希望我能體諒他。

生日當天他真的沒有帶我去，但他答應我，約好生日的前一天一起過，結果直到半夜 12 點都沒有出現，就這麼失蹤了！我還傻傻地以為自己應該要體貼要懂事，不要無理取鬧，也不要煩人，這是他的生日，或許他有自己想要過的方式……總之想了超多理由替他安慰自己。

最後我決定在他生日當天送一個蛋糕過去，就
算沒碰到他也沒關係，至少讓他知道我有心。到了
他家樓下，剛好看到他回到家，下了計程車，小心
翼翼地牽著另一個女生的手走進他家大樓，他沒有
看到我，我則當場傻在原地。

他牽的是誰？為什麼那個女生可以跟他牽手？
這些日子的委屈，所有的為什麼都蜂擁而上，我試
著打電話給他，但他的電話關機，於是我真的受不
了，我打破我們一開始的約定，打了一通電話給我
們的共同朋友，告訴他我們在交往的事，結果電話
那頭的朋友很驚訝的問我，難道我不知道他有一個
交往很多年的女朋友嗎？

晴天霹靂的答案直接狠狠把我打醒，他不願意
公開戀情的理由終於水落石出，原來他不是珍惜這

段感情，而是自私地讓我成為他感情中的第三者，
這是多麼諷刺啊！我一廂情願地跌進愛情的坑，連
對方有沒有女朋友都沒打聽，問都不問就一頭栽進
去，這下，這些日子所有的疑問全都解開了！

　　我掛上電話，丟下蛋糕，邊哭邊走回家，超級
不爭氣的我，除了失戀痛哭之外，居然沒有辦法恨
他，連打電話罵他的勇氣都沒有，就這樣默默地封
鎖了他的電話，自我療傷閉關消失；最後才從朋友
口中得知，他的女朋友最後還是發現了他的出軌，
也跟他分手了。

　　唉……這真的是一段很傻 B 的戀情，在交往中
不但沒有得到基本的尊重，連分手也是可憐地自己
舔著傷口，這都是自找的！

　　奉勸姐妹們，交往前千萬要記得，好好打聽對方的底細之後，再決定適不適合在一起，別像我這麼傻這麼衝地先愛了再說，到最後莫名其妙當了人家的第三者都不知道啊！

　　好像一定要真的跳一次這樣的坑，才知道自己有多傻。但，傻過沒關係，那些都是養分，滋養著你，下次就看懂了。

不見渣男不掉淚

　　雖然我談的戀愛並不是每一任都不好，但我的確碰過爛到連我自己都傻眼的男友，明明知道他一直在騙我，還跟別人偷約會，我還是心甘情願聽他給的謊言，一直告訴自己：他總有一天會為我改變的！結果，我最終還是沒有等到這一天，他最後還是不斷偷吃，而且連撒謊都不願意了！

　　好想問問，那個時候的自己到底是怎麼了？是鬼遮眼、鬼打牆，還是鬼上身？當時怎麼會把所有問題都怪在自己身上？現在想起來真的覺得太不值得，年少輕狂的確會覺得那個時候的自己可以承受這些，感情被玩弄、人財兩失、跌到狗吃屎還是無怨無悔，愛得要死要活的，恨不得把自己的全部都奉上，就算最後還是被狠甩！

　　後來才體悟，只要是真的遇到渣男，別想說要

跟他天長地久，改變所有，妳只有吃虧吃大便的份，
到最後還真的當上了賠錢貨，所以啊，男人不壞、
女人不愛這種引火自焚的方式，還是別輕易嘗試，
最後痛死的都是自找的！

　　一路走來雖然不堪，可是在他們身上也確實學
到了判斷渣男的觀點！為了不讓姐妹們繼續跌進我
以前的坑，切記，以下陳述的狀況如果符合超過三
項，別懷疑，他絕對是渣男中的渣男，快離開！

　　1：跟妳約會的時候手機永遠是背面朝上，妳看
不到螢幕，也聽不到手機鈴聲，他給妳的理由會是，
他不喜歡接電話也不愛講電話，喜歡安靜不愛手機
聲響，而且每次找妳都是利用簡訊或通訊軟體，就
算打電話也都非常簡短。

2：只要問到關鍵字，比如：你跟誰在一起？你去哪？為什麼不接電話？消失幾天？……就會開始不耐煩，甚至生氣，責怪妳無理取鬧，不夠識大體的心虛男。

3：在男生好兄弟面前，甚至當妳的面一直批評哪個女生不好，有夠不檢點，甚至更粗形容的男生；相信我，當他不在妳面前時，他也會這樣講妳！好男生不會批評、更不會鄙視女性，就算妳再怎麼不好，一個男生的口德就等於是氣度，如果沒有氣度，當然也不會尊重妳。

4：眼中永遠只有自己的事情最為優先，要妳替他著想，幫助他，甚至以他為主，灌輸妳偉大的女性就是要像他的媽媽一樣為爸爸犧牲，洗腦妳要完全無私奉獻的自私男。

　　5：出去吃飯甚至一起出門、出國都是 AA 制，就算特別日子送禮物，也一直斤斤計較自己有多用心，什麼事都算得一清二楚；我的媽，姐妹們快跑啊！就算妳真的跟他有什麼結果，他一定變本加厲地對妳小氣，就算他家再怎麼有錢，絕對輪不到妳啊！

　　6：在妳生病需要有人照顧的時候永遠不在，就算看醫生也是孤獨一人，只會耍嘴皮給妳罐頭簡訊，要妳獨立不願意陪妳；這司馬昭之心不用我多說了吧！

　　7：年紀比較大或老是神秘兮兮的男人；建議妳先偷偷看看他的身分證配偶欄！

　　8：很愛跟女生朋友曖昧，要是被妳發現，就說

成是她們自己來親近他的自戀男。（翻白眼）

　　9：交往時窩在妳旁邊百依百順，吃妳的、喝妳的，連住也是靠妳，完全沒有責任感想分擔，遇到事情只會逃避，哪邊輕鬆哪邊去。這種小白臉沒資格擁有妳！

　　10：每次吵架會對妳動粗甚至口出惡言的無理男。不要想了，謝謝別再聯絡了吧！

　　以上幾點不是要跟姐妹分享男人有多壞，而是警惕我們自己要清醒！挑選另一半時，除了眼睛要睜大，也要多聽聽身邊家人朋友的建議，或許別人的話語有時候不是很中聽，但寧可多觀察，也不要一廂情願地栽進去！就算真的遇到渣男，也不要沉溺太久，醒得越快越幸運，不要人財兩失了還在捨

不得！妳可以繼續選擇欺騙自己，繼續矇著眼沒有明天地在一起，但相信我，絕對不值得！哪天醒來妳一定會為妳自己感到後悔的。

　　不要浪費時間在不對的人身上，人生苦短，所以更要找到可以一起享受人生的 Mr.right ！女人的青春稍縱即逝，只有多愛自己一點，才真的離幸福近一點。

是哥們還是歐巴？

　　有人說這世界上跟哥們的感情沒有純友誼，每個都是有那麼一點小曖昧；又說因為朝夕相處就很容易日久生情，畢竟偶像劇跟漫畫裡常常都有這樣的劇本出現。

　　嗯，其實也不能這樣說，我的確有那種八輩子都不會跟他們變成情侶的哥們，真的！我無法想像，我會吐……

　　但不可否認地，我也曾經跟其中一個哥們真的擦出了火花……

　　很多人問我，跟自己的哥們談戀愛好嗎？呃，我只能說不是大好就是大壞，畢竟哥們是最了解妳也最懂妳的人，知道妳的所有優缺點，如果這樣還願意愛妳，那一定是真愛的啊！

　　正因為懂妳所以愛妳，不需要太費力氣，相處起來有著天生的默契跟喜好，如果可以克服一切真的一輩子走下去，那真的是普天同慶，放鞭炮了啊！

　　偏偏，我就是上述情節的對照組，我就是大壞的那個啊！唉，誰教我自己挖了一個坑給自己跳呢？

　　我這個哥們血液裡完全留著壞男孩的基因，喜歡偷偷搞曖昧，更是熱中於到每個地方去展現自己的魅力，讓身邊的女孩都覺得跟他有可能。心知肚明的我當了他的正牌女友之後，正因為了解彼此，所以知道他在想什麼，就連做壞事偷約會都不用查，看他的臉就知道他搞什麼鬼，畢竟以前他都會跟我分享他是怎麼使壞的啊！

　　所以，只能罵自己笨，沒事幹嘛動了情，還以為自己可以改變他，好好的當哥們不是很好嗎？最後弄到哥們、閨蜜都做不成，還害身邊的朋友得選邊站，就這樣「有他就沒有我」地翻天覆了好幾年。

　　真心的建議所有姐妹，如果妳真的對自己的哥們突然有了好感，請妳再三思考有沒有這個必要成為男女朋友，首先，有可能會失去一個曾經可以陪妳聊天說地、無敵義氣的朋友。多一個哥們總比少一個朋友好，想交男朋友，是不是選別的男孩會簡單許多呢？

　　有時候，留一個令人遐想的美好空間，真的比出手破壞它還好，當妳能忍過甜蜜的好感期，直接昇華成友誼，以後妳一定會慶幸還好當時沒有出手！

　　畢竟有時候真的是一個人太孤獨而動錯情，把哥們當情人也是有可能的，因為我就是這樣啊！

　　以上建議純屬分享，決定還是取決於自己；如果我說了那麼多還是要把哥兒收編為男友，那我只能點播一首楊乃文的《祝妳幸福》送妳了！

愛情無法索取

　　在談戀愛這個項目上，我拿的分數是非常非常低的，沒有人教我面對喜歡的人如何相處和交往，所以我唯一的方法就是，只要愛上就奮不顧身地投入，至少問心無愧地付出，以為這樣的執念就能換來生命中的幸福。

　　我的戀愛成分裡少一份安全感，總是希望對方能夠每天陪在我身邊，分享彼此所有的喜怒哀樂，過著小日子直到永永遠遠。但這樣的感情是很脆弱的，每天朝夕相處很容易膩，熱戀期很快就過了，容易被趁虛而入，當然，離開的基本上都是對方。

　　戀愛中最長的一段，交往不到四年就結束了，他是在工作上認識的，他是來客串的臨時演員，第一眼看到他的時候覺得這個人很平凡，好像沒什麼特別的，可是朝夕相處下來開始慢慢的喜歡上他。

　　他長相不是特別帥，但就是有一種氣質吸引着
我，他小我三歲，那個時候還是大學生，生活圈跟
我的完全不一樣，這並沒有讓我們之間有什麼隔閡，
反倒讓我有一種很輕鬆的感覺，因為演藝工作壓力
太大，跟他在一起有一種說不上來的舒服，漸漸的
我對這段感情開始無法自拔。

　　我們很相愛，到哪裡都在一起，甚至同居，日
子雖然平淡卻幸福，這樣的時間過了三年多，我一
直還沉浸在安穩的戀愛日子中，卻不知道他已經變
了！

　　那年跨年，我在金門主持活動，沒辦法跟他一
起跨年，他要我放心去工作，不要為了他而放棄工
作。工作結束後，我立刻打電話給他，想讓他知道
我有多想他，但是一整晚他的手機都沒有通，直到

過了 12 點，他傳了一通簡訊給我，告訴我他很愛我，當下不知道為什麼我沒有覺得開心，也沒有感動，因為第六感告訴我：他怪怪的！

回到台北的那天晚上，我們和往常一樣坐在客廳看電視，沒有特別聊到他的簡訊，也沒有問他為什麼昨晚電話沒有通，我很平靜的看待這一切，正當我們決定關掉電視準備就寢時，他的手機在極度安靜的空間裡響起，但他沒有接電話，只對我說這個女同學是同性戀，一直把他當好朋友，她失戀了想找他訴苦，可是現在太晚了不想接她哭哭啼啼的電話。我冷冷的跟他說，既然是好朋友就接吧！

結果他接起電話，那頭隱約傳出女生的哭聲，「為什麼你不愛我？為什麼？你不是要我們在一起的嗎？」她的聲音飄進安靜的客廳裡，每一個字我

都聽得清清楚楚，就像一把刀狠狠的刺進了我心裡！

　　我冷靜的站起來走回房間，不想繼續聽下去，沒多久他走進房間，直接下跪道歉，他說他不是故意的，是那個女同學主動的，他沒有想跟她在一起，要我原諒他。我問他，跨年夜是不是跟她一起跨年，他點點頭，我又問：「所以你們一起過夜了嗎？」他低頭不語，當下我聽見自己心碎的聲音，但我沒有哭出來，也沒有讓他知道，我說：「其實你已經做出選擇了，沒什麼好不敢承擔的，你不要讓兩個女人都心碎，好好對待她，別傷害她了，你走吧！我不想再看到你！」

　　他哭得跟孩子一樣拼命道歉跟解釋，我頭也不回直接吃了一顆安眠藥就躺下睡了。隔天起床，我在桌上看到一張寫了滿滿道歉的信，他說，他還是

很愛我，希望我們可以繼續在一起，不要分手。下一秒，我把他所有的東西全部打包，請他的朋友來幫忙拿走，我再也沒有接他的電話，也不看他的簡訊，直到他再也不打來了。

那些自己一個人的日子，看著同居的房子，曾經有著他的空間現在是那麼空曠，我的心也變得好空，好孤單。那段日子我的心整個崩塌了，每天以淚洗面，我一直問我自己：我愛得不夠認真嗎？我的世界裡只有他也錯了嗎？一心一意為彼此未來的生活努力，沒被他看見嗎？他怎麼可以一邊跟我抱怨那個女生，卻跟她上床？難道我的愛這麼一文不值？

分手的那些日子裡，我就像阿茲卡班裡的囚犯，被催狂魔吸走了希望，也帶走了快樂，讓我對「愛

情」這兩個字充滿了絕望！每一段感情，愛得越用力，結束的力道也越巨大，幾乎摧毀我對幸福的憧憬與信心，每一次的背叛都讓同一個傷口不斷被撕裂，我一直問我自己：

為什麼我會一直遇到同樣的事情，難道我的感情沒有好的終點嗎？

那些年我們一起談的戀愛

　　其實我也不全然都遇到渣男，還記得剛來台北的時候，碰到一位對我非常好的男生，好到他老是擔心我身上沒錢，會在我的包包裡放錢，怕我沒錢買東西吃，就算他出國工作，也會把提款卡放在我的好姐妹那邊，特別交代要是我看上什麼東西或喊沒錢的時候就領錢給我，但卡不能交給我，因為怕我會弄丟；他就是一個這麼貼心的男生，而且非常幽默，常常一句話就可以把我的壞心情都趕跑，跟人相處也很圓滑，所以人緣非常好，身心靈也都非常健康，完全看不出來他也是單親家庭出身，我就是因為這一點才非常迷戀他，感覺像找到同伴，唯一不同的是，他比我正面太多了！

　　他非常了解我，也很知道我在想什麼，當我心情不好或沮喪失望的時候，能夠很快引導我看到答案而解決問題，這讓我非常訝異，為什麼他可以如

此堅強，不會被難過的心情困住？我常常問他，不會氣你的父母離婚嗎？不會氣父母給你不完整的家嗎？不會覺得自己很辛苦要比其他人努力才能成功嗎？他跟我說，有很多人家庭很完整，但他們也沒有成功啊！

他給了我另一個觀念，不一定要家庭圓滿才能出人頭地，如果完整的家庭背後只是假象，豈不更難受？他告訴我，我們的爸媽才是有智慧，長痛不如短痛，而且我們還可以領兩份零用錢——這就是他面對人生一貫的幽默態度，老是用另一個角度讓我輕鬆面對問題，並且告訴我，未來是自己給自己的，只有努力才能讓自己更好，有多少能力做多少事，往好的方向前進才會越來越好，沒有什麼事情能夠比變獨立更感到快樂。

　　這些觀念深深撼動了我的世界，我老是很在意自己不夠好，不夠完美，甚至懷疑自己不會那麼幸運，那些年的陪伴讓我開始學會擺脫原生家庭的牽絆，度過了好多低潮的日子，現在想起來還是會感覺到非常溫暖。

　　另一個好咖是，我曾經喜歡的某個男生，跟他朝夕相處後讓我學會很多待人處事的智慧，他是一個非常講義氣的人，所以也很受歡迎，他的朋友很多，士農工商都有，大部分都是比他年紀還大的哥哥姐姐們，甚至可以當他爸爸媽媽的年紀，都願意跟他當閨蜜甚至當家人。或許是這樣，造就他穩重又周全的性格，跟他出門很有安全感，他很讓人放心，只要我想去的地方，他都會陪著我，讓我很像小女孩般被保護著，我們總是無話不談，好像認識好久好久了，在他身上我學到最重要的一件事情是

真誠；他的真誠相當迷人，會讓人對他毫無防備，
甚至想與他更靠近。

　　我曾問過他身邊的好友，為什麼他會有這樣的
魅力？大家都回答：因為可愛！很難得在這樣現實
艱難的社會裡，還有人保持這樣的可愛。另外還有
一點，可能是因為我從小生活在南部這樣真性情的
氛圍，所以喜歡個性很真的人，他們會讓我有熟悉
感和親切感，好像又回到小時候那樣無憂無慮輕鬆
舒服的相處，感覺非常自在。但因為我自己沒有安
全感的不安作祟，最後還是沒有跟他交往，只是一
直保持朋友關係，到目前為止他還是我最重要的朋
友之一！

　　謝謝這些好男孩們，和那些年我們一起談的戀
愛，雖然我們在感情路上無法一直走下去，但謝謝
你們，讓我長成更好的人。

沒關係，是愛情啊

　　從談第一段戀愛開始就期待又憧憬可以追尋到心愛的那個他，所以每次的戀愛，我都當最後一次在談，愛得轟轟烈烈的，常常也跌得相當慘痛，征服一道又一道驚濤駭浪，排除萬難地想要牽手一輩子，奮不顧身地燃燒自己，就怕會沒有給出全部而後悔沒讓他看到我最好的那一面；直到看著自己深愛的男人牽著其他女生的手，喜滋滋的樣子就像我們第一次牽手約會時的曖昧笑容，而我卻像行屍走肉般晃回家，了無生趣到對愛情失望透頂，夜深人靜想起那些難受的畫面正在撕心裂肺的時候，電台剛好在放我們最愛的歌，眼淚立刻噴出來那種滋味，真的是虐心到了極點。

　　為什麼？到底是哪裡出了問題？我到底做錯什麼？是不是我不夠好？怎麼一路跌跌撞撞的總是幫別人在養她們未來的老公？那個幸福的誰誰誰長得

也還好，又有公主病，為什麼她可以這麼幸福，我卻還在跌坑？是不是我真的不值得幸福？還是我真的有病卻自我感覺良好？

這麼多年來，這些吶喊我一句也沒少喊過，最後，我才了解一切的一切都是因為……

來賓請點唱一首江惠二姐的《愛不對人》！

後來雖然也知道會有愛錯人的可能，但還是跟笨蛋一樣坑越挖越大的跳啊！就跟賭博一樣，賭性堅強到就不相信自己的運氣這麼背，每次都拿BG！

最後一段感情失戀後，我在 2012 年 9 月 13 日下午 5:25 分寫下一篇文章鼓勵自己，現在看起來特

別有感覺。

《可能要當我遇到你的時候，一切就都懂了， 原來
那漫長的等待是非常值得的》

　　當第一段的戀愛開始到結束
　　開始了我想找到那童話故事裡面的白馬王子
　　慾望城市裡面的 Mr.Big
　　聖經裡面上帝許給我的那一個亞當
　　我想這應該是現在正在看著這篇文章的我們
　　每一個帶給我們快樂、痛苦、學習、放下的他
們所期待的

　　每當聽起一首歌曲 那些回憶 就跟 MV 那樣的
播放
　　每個片段 每個呼吸 每個鍵盤上正在打著的每一
個字

都是在記錄著 碰到你前的前奏
有時常常會幻想著你
現在
在做些什麼 在想著什麼 是不是跟我一樣
正在尋找你

想著想著嘴角就微微著上揚
心是平靜的 愉悅的 乖乖的 等著

我沒有停止繼續往前走
沒有因為每一段感情帶來的感受而停止讓我碰
到你的可能

雖然真的有好多好多生活的喜怒哀樂想跟你分享
真的真的迫不及待的想看到你到底長什麼樣子
真的真的好想一起牽手去看電影

下班了一起去吃飯 一起出國渡假 一起陪伴著
或許我過度浪漫地形容著我們往後的生活有點
好笑
可是 我真的
挺享受這樣的氛圍

這樣寫著我們未來的情書
可以讓我解一下還沒碰到你之前的想念
如果哪天當你看到我寫的每字每句
就會知道 在我碰到你之前的預備

預備好好的愛你

就像你也會如此的愛著我

──獻給未來老公的浪漫情書

　　為什麼會突然有感而發的想寫這篇文章？我還記得那天下午整個人已經非常低潮，幾乎到有點黑暗的狀態，為了讓自己不再沈淪在這樣悲傷自虐的情緒裡，決定用一個破關的心情，慢慢的征服每個關卡，我想最後一定會遇見未來的老公。

　　撐起最後一道樂觀試著鼓勵自己所留下來的文章，多麼悲壯啊！

　　每次失戀除了工作必須要出門，其餘的時間就是把自己關起來，樣子跟鬼一樣慘，無法跟外界聯繫，看什麼東西都是黑白的，感覺世界好像崩塌了！時時刻刻聽著悲傷的歌曲，躲在家裡自我療傷，無法進食地廢著，不知道流了多少眼淚，不知道哭了多少個夜晚，告訴自己不要難過，這樣的日子總有一天會好起來，鼓勵自己不要在每一段感情失敗後

失去了盼望，不能因為失敗的戀情阻止自己遇見上帝為我預備好的那位暖男，我只是還沒遇見他啊！

我還天真的告訴自己，可能是最後真正得到的幸福是無法想像的美好，所以才真的勞其筋骨、苦其心志地不斷挫敗⋯⋯

可能因為我極度盼望遇到真正對我好的那位，相信他一定會出現，居然在寫完這篇文章之後，我人生中的真命天子就這樣出現了！

說到這裡，就又要再次感謝我的愛情邱比特康哥用心牽線，才使我的人生真正進入豐收之年，脫離一直被詛咒的愛情！

事情是這樣子的，某個失戀的夜晚，淚已哭乾，

心已死，正準備睡覺，突然手機鈴聲響起，螢幕顯示「小康哥」，我很納悶的接起電話，康哥一貫的開場白就是：「幹什麼東西！」由於已經很有睡意，我表達了生無可戀的哀傷後就準備要睡覺，電話那頭的康哥先笑我怎麼失個戀跟喪氣的小狗一樣可憐，但還是很溫暖地要我打起精神來不要太沮喪，他說：「沒關係啊！這就是愛情，都是過程嘛！」

當時我根本聽不進去，只覺得自己為什麼一再遇到渣男，還不爭氣地大哭，康哥立刻轉移話題，突然要我邀約一位已經認識十幾年的哥哥，他是連鎖餐廳的 CEO，長相斯文，非常有禮貌，也很有智慧，永遠都是笑臉迎人，我跟他唯一的交集是在康哥的聚會上曾經稍微對話過，而且我曾經看過他女友，所以在我腦海裡他喜歡的類型根本不是我這樣的女生。我立刻大笑並且回絕，我記得那時我還跟

康哥說：「別鬧了，我雖然失戀但沒有失明好嗎？
那個哥哥怎麼可能會喜歡我，我不是他的菜啦！」

　　誰知康哥安靜了一下後，口氣嚴肅地罵了我一
頓，大概是幹譙我怎麼可以這麼沒出息之類的「康
哥式激勵法」，最後我不得已只好問：「你怎麼會
覺得他適合我，可以介紹給我？」康哥才說：「唉！
你們年輕人的愛情是盲目的，總是飛蛾撲火沒有紅
綠燈，覺得有人對妳好直接就以身相許了！但還是
要看人嘛，不要老是這樣耳根子硬，不聽勸，看妳
每次選的男人都讓我傻眼，別再執迷不悔了！再怎
麼說妳也是個女孩，需要被呵護，捧在手心裡疼，
而不是自以為像媽媽那樣偉大，什麼都可以包容跟
承受！很多事，身在其中是看不清楚的啦，多聽聽
身邊重要的人給的意見，我誰？相信我肯定不會太
差啦！」

　　原來康哥希望我可以跟這位哥哥出去約個會、吃個飯，了解一下真正 man 的男人是怎麼一回事！於是講完電話，我立刻打電話給這位康哥強力推薦、沒跟他出門約會我就是北七的哥哥，反正既然都失戀了，還會有多糟呢？換個方式再試一次吧！

　　事實證明，還好我死馬當活馬醫地打了這通電話，我的愛情終於在這一刻被扭轉了！

　　年輕的愛情談得太苦，苦到有時候我不敢回想，苦到我開始懷疑自己真的能遇到相知相惜的靈魂伴侶嗎？還好我沒有真的放棄愛情，還好我給自己最後一次機會，要是沒有打那通電話，現在的結局絕對是另一個版本。

　　緣分啊緣分，我這輩子汲汲營營想要的那份

幸福安穩的感情生活，就因為這一通電話真的到來
了！可能這次我沒有那麼多的得失心，也可能我根
本沒有太在意，所以沒有保留地在他面前做自己，
於是我遇到真正對的人，意外地終結了我的單身。

我真心謝謝那些傷害過我的渣男，讓我感受過
失敗痛心的愛情，感受錯的人帶來的一切是多麼令
人厭惡，也許你也曾經在彼此生命裡互相傷害，互
不珍惜，但不要因為這樣而懲罰自己不值得遇到對
的人。

感情你情我願，沒有真正的對錯，愛情可以不
談，但不能對愛情失望，就算失敗受挫，也不要改
變自己最單純的初衷——只有學會愛自己，才能得
到幸福。這些難過心碎的經驗只是來豐富我們的人
生，就像一本書的起承轉合，只是為了加添生命的

層次，讓它更精采。

正在失戀的姐妹們，大家一起振作吧！遇到不對的人，不會全部都要我們來扛，就當作我們在感受生命流過的痕跡，是好是壞，他們都只是生命中的過客。

有一部電影的對白是這麼說的，「好的愛情是你透過一個人看到整個世界，壞的愛情是你為了一個人捨棄世界。」別讓不好的人停留太久，別讓不堪的愛情佔據生命篇幅，天下沒有不幸福的女人，只有走不出去跟放不下的女僕！

如何讓你遇見我，
在我最美麗的時刻

　　我聽過一個科學分析，女人在 29 歲那年，是所有年紀裡面最美麗的時刻，因為擁有著少女的臉龐以及半熟的女人味，這樣的雙十年華交接最後一年，是花朵綻放最盛的時候。

　　這個分析讓我一直期待著 29 歲的到來，覺得29 歲的自己一定正翻了！我多麼希望這一刻快點到來，我迫不及待想看到自己迷人的樣子，也可以遇到我的真命天子了！

　　結果期待了這麼多年，現在再回想，29 歲時的自己是不是真的很正？我竟然不記得了！只記得二十出頭歲時，對什麼事情都很好奇，每天對這個世界有好多疑問，每天活得充滿矛盾，生活完全沒有方向；直到該看的該玩的該學的都有了一個基礎，慢慢學習如何沉著地面對這個世界，才發現，外表

已經不是我最在意的事。

　　我學會調整自己，希望自己處理事情不要再那麼衝動，脾氣也不要那麼火爆，對自己要有更多自信，不要再為別人而活，期許雙十年華之後，在即將進入另一個數字的未來生活裡找到一個平衡。

　　那個時候，事業已經有那麼一點小小成就，至於愛情，也已經抱著會來就會來，轉角遇到愛的心態，不再那麼執著，對我來說，要跨過3字頭這件事比變正重要太多了！

　　我只在意我有沒有好好的愛自己，有沒有每天都讓自己開心；日子變得就算只是用一杯咖啡犒賞自己，也覺得很舒服；然後與其期待別人對我好，不如自己先行動，想去哪，想做什麼事情，都不用

跟別人交代，甚至可以好好的享受跟自己相處的時間，回到家，一杯紅酒，一首音樂，就可以讓自己非常滿足。

我很享受那個時候的自己，也很喜歡那樣的自由和那樣的生活，甚至有點懷念那個時候的自由自在。

正當所有的一切完全歸零的同時，我就遇到我家老爺，這是一個巧合嗎？真的就在我曾經期望會最正的 29 歲遇到他？是內在還是外在吸引到他？

我曾經問過他：「你是怎麼喜歡上我的？有因為美貌嗎？」（哈～問得還真不含蓄啊），他說：「妳的外表已經不是讓我選擇妳的首要條件，而是因為妳自在的個性讓我開始注意妳，我喜歡妳的直爽，

喜歡妳知道自己在做什麼、需要什麼，什麼事情都
有自己獨特的見解，不是一個傻乎乎的女孩，所以
跟妳相處很舒服，也很聊得來，最後決定要把妳娶
回家。」這段話不做作，很簡單，但很浪漫，完全
打動了我的心。

　　感情如果只是膚淺的建立在美醜上，我們的愛
情也太岌岌可危了！外表真的不是第一條件，而是
相處的感覺，遇事能夠溝通，生活能夠合拍，才是
走得長長久久的條件。況且漂亮的女人是因為有了
自信而不是自戀才變美，生活最後還是會回歸到日
常的柴米油鹽醬醋茶。

　　這下我真的徹底醒了，原來我不斷模仿別人的
強大，原來自己最在意的事，居然不是成就我的幸
福的條件，而是真正接受了自己，學會享受生活後，

才替我找到了另一半。

　　說真的，這樣的過程真的就是要自己走一遭，要是少了雙十年華幹過的蠢事跟跌過的坑，徹徹底底地讓我知道自己要的是什麼樣的生活跟什麼樣的人，也許今天的我也沒有辦法輕鬆面對挫折跟困難，沒有辦法獨處，沒有辦法從一個心浮氣躁的小女孩變成一個思想有層次的小女人。

　　不知道真的是 29 歲的魔力還是湊巧，誰也說不上來，還好我沒有因為這些坑而讓自己爬不起來，越挫越勇，終於讓我遇見最好的自己跟疼我的先生，現在想想，這是多麼不可思議又美好啊！

我人生中最大的貴人天使之一，沒有她真的就沒今天的我，
也因為心湄姐對我的嚴格，影響我到現在做每件事都還是非
常要求完美！

妥協對妳來說，
是好還是壞呢？

對我來說，
它是幸福的開始！

CHAPTER THREE

幸福有自己的模樣

剩女的逆襲

　　經歷結婚前的最後一段感情，整個人呈現半死
人的狀態，我覺得我的感情生活就這樣了！不但失
去越戰越勇的愛情戰鬥力，也完全是老妹的心情，
提不起勁再去尋找下一段戀愛，當然也是覺得不可
能也碰不到心中契合的那一位，有時候還會懷疑自
己是不是被詛咒了，所以只能終身孤獨？甚至開始
怪自己工作能力太強，一副女強人的樣子，所以才
會一直遇到豬隊友，就算剛開始交往都好好的，到
最後還是大走鐘，讓我對感情完全失去信心。

　　或許真的是置之死地而後生，心中就這樣熊熊
燃起「一個人也可以過得很好」的心情，老娘什麼
大風大浪沒有見過，就算一個人過生活也可以很瀟
灑，幹嘛要老是覺得身邊一定要有個他才完整？難
道我自己就不能好好愛自己嗎？

　　就是這個不知哪來的覺醒和開始，我重新規劃
人生的目標，除了認真工作，其他時間都留給最愛
的家人和朋友，日子一久，心態上健康了很多，整
個人也越來越有自信，原來，沒有人陪也沒什麼大
不了的嘛！一個人特別自由，想做什麼就去做，完
全不用報備，也不用擔心是不是會影響到另一半，
就連穿衣服都很隨興，連一直想嘗試的短髮也俐落
地剪下去，想跟誰約會就約，不用綁約的心情，走
馬看花多好啊！

　　漸漸地，我學會面對自己，學會慢慢了解自己
真正需要的是什麼，而不是像小孩子一樣什麼都想
要，分不清好壞，把自己搞得一團糟；我學會欣賞
自己的優點，擁抱自己的缺點，不再懷疑自己哪裡
不夠好；我學會好好愛自己，學會一個人好好過日
子，並且告訴自己：這世界上獨一無二的自己是多

麼特別啊！

　　當我看懂這一切，人生瞬間變得好簡單，心境也就沒有那麼複雜，過了一段神清氣爽的日子，桃花運越來越好，然後就遇到現在的先生了。這次我真的不急了，也不太像個要不到愛的孩子緊緊巴著他，奇妙的是，在我放過自己也放過對方的新愛情模式之中，我的命運就這樣逆轉了！

　　從第一次約會開始，一年多後我們就決定結婚，結完婚後才兩個月，我們就有了第一個孩子，到現在已經三個孩子了。我的先生，他找回了我對愛情的信心，讓我拋開恐懼有勇氣重新再愛一次。

　　他告訴我，我應該先學會被愛，如果每次我都自己這麼用力，反而會失去被愛的機會。因為他，

我終於明白原來我愛人的方式是錯的！他重新教會
了我愛與被愛的快樂，而且相信真情流露的感情才
是愛人最舒服的方式。

　　因為重新學會，後來再想起那些男孩們的背叛，
也就沒有那麼不舒服了，當時我在愛裡還在學習，
只懂得用自己的方式去愛人，卻沒有在乎他們其實
跟我一樣也在練習如何被愛，等同小孩跟小孩談戀
愛，最後對方一定會被我盲目的需索弄得喘不過氣，
然後無疾而終，哪邊快樂哪邊去的心態也相當合理
啊！

　　如果我早一點知道這個道理，或許就不會難過
那麼久了，但因禍得福的是，因為這些背叛，讓我
在遇到真愛時特別珍惜現在的幸福，也許對的時間
但不對的人，或不對的時間但對的人，都不是彼此

最適合的那一位，何必硬湊在一起呢？愛情不能勉強，不適合的鞋子會咬腳，不對的感情傷身啊！

人生就是這麼調皮，我一直以為這輩子不可能遇到像這樣對我那麼好又這麼貼心的先生，像老師，像閨蜜，更像玩伴，讓我好滿足於現在的生活，完全沒有想到他會這樣出現在我的生命裡，完整了一切。

現在想起那段單身快樂的剩女時代，其實真的有點懷念，每天把自己弄得美美的，哪邊開心那邊去的日子實在太美妙了！如果妳現在過著這樣的生活，我懇求妳好好珍惜這樣的時光，告訴自己不是我們不好，而是我們不懂得如何讓自己變得更好。

什麼都有可能

　　一開始遇到老爺的時候，說真的有點不太真實，畢竟在感情當中我是比較習慣付出的那一方，突然被照顧、被疼愛，除了有點不習慣之外，更多的是一種受寵若驚，這世界上怎麼會有這麼幸運的事？

　　畢竟從小到大，我是那種抽獎永遠不會中大獎的命，居然會有如此優質的男人出現在我身邊，連身邊的親朋好友們都嘖嘖稱奇。

　　他是一個很體貼也很周到的男人，這個特質或許跟他的工作有關，我們約會的第　天，就讓我見識到餐飲業高級主管真的沒在幹假的！

　　還記得那天晚上他訂好一家義大利餐廳，燈光美氣氛佳，連點菜都不用擔心，他很熟悉地拿起菜單跟我討論，一邊介紹菜色，一邊深度推薦，服務

好到讓我以為是來到他工作的餐廳。其實他這樣引
導式的點菜法真的很貼心,讓我這種不愛做決定、
又常常只會點固定菜色的人相當安心。

　　點完餐後,他又推薦了一支白酒來當佐餐酒,
整個約會的過程非常輕鬆,以一種不疾不徐的節奏
聊著每一件事情,時而幽默、時而害羞的他,讓我
重新認識這位眼中的大哥哥。

　　原本在我的印象當中,每次看到他總是西裝筆
挺,就算碰面也都只是禮貌上的對話,感覺他是個
很嚴肅的人,我以為這次約會應該會很尷尬或冷場,
完全沒想到可以這麼好聊!

　　整個晚餐除了過程非常愉悅,也有一件事讓我
很驚訝,我向來重視男人穿搭的品味,當然,順不

順眼很重要，而且也可以從中看出一些個性，所以我超怕他穿西裝跟我約會。還好他選擇了一件黑色V領羊毛針織衫，搭配白色T恤和軍綠色及膝短褲，白色短襪和白色 converse 帆布鞋，以上的穿搭品味就是我最愛的 LOOK ！既紳士又帶點美式休閒風格，簡約又不失大方，重點是完全看不出來他大我這麼多歲！

坐著跟他聊天，難免會有稍微靠近的時候，這時會有股淡淡又好聞的香味讓我整個心花怒放，我喜歡男生擦香水，但又不能太誇張，他身上的味道就是剛剛好大加分！

約會結束之後，我才知道他特別安排了角落的位置，就是怕人多我會不自在，我的媽啊！太感動了，怎麼可以這麼細心、這麼暖！好久沒有這樣被

寵著，感覺真好。很快的我們就又第二次約會，接
著就決定在一起了！

　　我們的故事正好可以鼓勵姐妹們，別老是選同
樣的菜，跨不出去跟其他類型的男人約會，或許我
們在看外表還沒了解內在，就從既定印象裡面去打
分數，而錯過很多真的適合我們的天命真子，反正
多約會多了解，多給點機會，總比真的在一起後，
才發現自己又選錯的好！

　　如果現在妳身邊剛好有這個人選，別怕！打電
話約他出門，不適合就發好人卡囉！總比擦身而過
好吧？祝各位姐妹們好運！

小惡魔出現

　　好吧！我不得不承認一開始跟老爺在一起的時候，有點故意在測試他，因為以我多年來談戀愛的經驗來判斷，一個男人可不可靠，能不能在一起很久，個性到底適不適合，是否經得起考驗一起生活，出國一次大概就能夠知道！

　　想想看，長時間朝夕相處幾天，有什麼優缺點，基本上很快就看得一清二楚，除非真的碰到很會裝的，或者根本沒有把真性情表現出來，不然合不合拍，出一次遠門，立馬一翻兩瞪眼，而且最好選國外人生地不熟那種！這就是我對老爺的測試。

　　以前我只要開始一段新戀情，整個人的個性就會不由自主隱藏起來，這樣做的初衷當然是希望可以給對方留下好印象，再慢慢努力變成他心中的樣子；這方法真的是笨到家，幾段戀愛下來依然遍體

鱗傷，不但賠了夫人又折兵，何必呢？

　　後來我終於體悟，早死晚死不如一次痛快，心中的小惡魔聲音突然出現，既然都看透了這道理，藉著這次出國的機會，就好好拋開束縛，用最真實的自己模樣，甚至有時候還故意為難他一下的相處模式，來試試看他會有什麼反應，若真的不適合，也不會浪費彼此的青春！

　　其實那個時候，我還是一直懷疑著，這世界上真的有這麼照顧我又愛我的男人嗎？我們第一次出國的地點選擇了沖繩，因為我們都很愛日本，所以馬上有共識地計畫好五天四夜的行程，接下來就是考驗的開始！

　　以前出國一定是我安排行程，訂好機票跟飯店，

約好機場接送，再一起接送男友到機場 check in，
所有的入境表格資料、任何的行政事務我都一手包
辦，還沾沾自喜地覺得自己就是男友的貼身窩心小
秘書，雖然我真的不是這種細心個性的女生，但為
了讓對方開心，怎麼樣都要假裝一下的啊！結果最
後常常搞得出國比工作還累。

　　所以這次我決定放手一搏，除了機票跟飯店我
先找好請他代訂之外，不管租車、換國際駕照甚至
行程規劃，所有以前我主動會做的事情，全部故意
假裝不會，請他幫忙完成，雖然心中有點小小的罪
惡感，但小惡魔的聲音還是勝過了我所有的理智。

　　出國當天，到了機場我正準備要去換日幣時，
老爺貼心地拉著我的手，把他換好的日幣拿給我，
還順手接過我的行李放在行李車上，一路推到櫃檯

check in，入關之後，他有特別留時間帶我去機場餐廳吃早餐，怕我在等待登機的時間中餓到。一邊吃早餐，他一邊很有耐心地跟我順了一遍這次的行程。

更窩心的是，聊天的過程中他發現我沒有帶外套，因為冷，一直不自覺地搓著手（這個我真的沒有故意喔），買單後，他拉著我的手去逛免稅店，買了一條他覺得很適合我的披肩送我，還說出國一定要有一條這樣輕便又舒服保暖的圍巾，尤其是機場冷氣都很冷，我們的目的是出來玩，千萬不能生病。

就這樣，五天四夜的旅遊，我被照顧得很好，吃得很好，玩得很好，超多美好的回憶！雖然還是有一些小插曲，像是我迷糊地把他送我的圍巾忘記在逛街途中，也不知道在哪一家店裡，當下我快急

哭了，於是他找了一家餐廳幫我點好東西，讓我坐在店裡，他一個人沿著剛剛的路一家一家進去找，最後真的拿著他送我的圍巾氣喘吁吁地回到我面前，當下我有點鼻酸，感動了好久好久。

　　我真的碰到了一個比我自己更看重我的男人，這讓我對自己的測試感到很不好意思，我怎麼這麼壞，故意刁難人家，如果他是真心的替我著想，比我還要看重我的一切，為什麼我還要去懷疑他呢？

　　雖然至今，我從沒跟他說過當時是故意為難他的，但我一直覺得對他很不好意思。

　　沖繩旅遊回來之後，我們的感情大大的加溫，我再也不去挑戰老爺對我的愛，反倒認真地自我懺悔了一番，為什麼我要把以前受的傷放在這段感情

上呢？我應該忘掉過去的傷痛，更珍惜這段得來不易的愛情啊！

　　老公，謝謝你愛我！謝謝你願意體諒我的迷糊，接受我所有的缺點，選擇我當你的另一半。跟你在一起，讓我重新學會擁抱自己，拾起自信，真正地享受人生。

　　謝謝你的出現完美了我的世界，嫁給你是我這輩子做過最對的決定！

　　I love you forever and ever ！

他不是 CEO，也可以給妳幸福

　　自從結婚之後，我的粉絲專頁常常收到很多女
生們的私訊，問我怎麼得到幸福？她們也想跟我一
樣找到一個好男人結婚生小孩⋯⋯

　　從私訊內容看起來，她們不滿意目前的感情狀
況，而且大部分都覺得男人必須要有錢才可以給她
們幸福和未來，卻又不願意放手，一直待在她們嫌
棄的關係裡繼續載浮載沈，怕分手後又要重新找一
個，也不知道會不會比現任更好，與其冒險改變，
還是將就在現狀就好。

　　其實我大概可以了解這種心情，因為我以前也
有這樣的迷思，總是希望交往的另一半經濟充裕，
甚至有一個非常好的工作，這樣我就不用太辛苦，
可以好好享受人生，多好啊！

　　但說真的，要遇到一個有錢又願意在我們身上花錢的男人，真的少之又少，更不要說又能擁有百般的疼愛，可能妳上輩子要拯救過銀河系才有機會喔！

　　我有一個姐妹，很幸運地嫁給一個 CEO，自從結婚之後，就不用再去工作，在家相夫教子，偶爾出門喝喝下午茶，好命程度羨慕死我們這群姐妹了！

　　沒想到，有一天半夜我會接到這個姐妹的哭訴電話，電話那頭泣不成聲地敘述著她其實過得好辛苦，我不太了解她說的辛苦是來自於哪裡？老公？小孩？還是婆家？不是都好好的嗎？每次見到她都是容光煥發，看不出哪裡有苦到啊？

電話那頭安靜了一陣子，她才說其實她先生都沒有回家，上個禮拜說要出國出差，她幫忙整理行李時發現祕書訂的機票不是先生說的那個國家，而是一個度假島嶼，而且是兩張機票，另外一張訂的是一個女生的名字。

說完之後，她竟說，其實她難過的不是這件事情，因為她先生條件很好，所以在嫁給他之前，她就有這樣的心理準備了！

咦？那到底難過的是什麼？她說先生每個月給她三萬元的現金，供她照顧孩子和生活開銷，另外也給她一張副卡；這樣還不錯啊！多少人希望可以這樣刷先生的副卡，而且還有現金零用錢耶！

她才說，孩子每個月的學費就已經花掉了一半

現金，加上她每天的吃吃喝喝，常常連買菜的錢都
不夠！

　　但不是還可以刷卡嗎？她說，刷卡當然是可以
刷，只是每一筆都要寫報告。

　　寫報告？！寫給誰看啊？她回我說，寫給婆婆
看。呃，這也太逼人了吧？她說婆婆對她很苛刻，
因為她一直覺得兒子可以娶到更好的太太。

　　聽完這整個故事，真的替她感到好抱屈，先生
不願意讓她出外工作，怕丟他的臉，卻也不願意扛
好先生和爸爸的角色，名副其實的童話故事假象，
果然，過沒多久這個姐妹真的受不了，就離婚了！

　　看似美好的婚姻關係背後，我們真的看不到也

感受不到，要不是她說出來，誰能想到她的婚姻竟是這樣被局限呢？

我突然想起我爸給我的婚禮致詞裡有一段話：「同甘共苦，榮辱與共。」我爸說，能做到這八個字的男人，才算真正的好男人。

不管錢多錢少，CEO 或 QOO 都一樣，不願意愛妳的男人，再怎麼傑出他也不會懂得愛妳或疼妳，意思就是「再怎麼好，他都不會想到妳」啦！

不管是談戀愛或找另一半，奉勸姐妹們要記得，幸福美滿的訣竅就是不管他有錢或沒錢，永遠都會想把最好的留給妳，遇到好事都會想到妳，當妳不舒服的時候第一個時間給妳關心跟幫助，這樣子的人基本上不會太差。

　　有錢的男人不見得會過好日子，有的還常常因為錢的事情摳門小氣或斤斤計較；能夠真正照顧妳的男人，是隨時隨地都希望能跟妳分享他所擁有的。

　　所以，還沒遇到真愛的姐妹們，該放下就放下吧！寧缺勿濫，不要急著把空位填滿，把真正的好機會拱手讓掉。

　　真正的幸福，會留給對自己有信心的人。

他有角，妳也有角，
但婚姻不是角力

　　大家都很羨慕我嫁了一個好老公，很貼心又那麼會煮菜，每天呵護我跟孩子，把我們照顧得無微不至，簡直捧上天了，這一切真的太幸福了啊！

　　但是，在得到這樣的幸福之前，大家可能都不知道我可是努力了好一陣子，才開始倒吃甘蔗的。我記得跟老爺交往沒多久，他就告訴我，一段關係裡除了要彼此尊重與包容之外，在彼此在意的地方更要小心處理，特別是在相處上面要學會「順毛和逆毛摸」的道理，當下我聽得相當模糊，也不太理解他的意思，直到我惹毛他的那一天，我才整個恍然大悟。

　　原來他想表達的是，每個人都有自己的死穴，當妳真的踩到了地雷，千萬不要搞不清楚狀況就先自以為是地發表意見，更不能把自己的情緒放大，

當作對錯來爭執，而是必須先去了解事情的始末，
像哄小狗一樣順著牠的毛摸啊拍啊安慰加安撫。

別看老爺大我 12 歲，男人到了幾歲都一樣，也
是需要被了解跟疼愛，尤其當老爺發脾氣的時候，
千萬不要跟他頂撞或繼續衝突，因為最後結果真的
都是相當恐怖，而且他完全不可能說對不起也不會
退讓。所以只要他生氣，最好什麼事都等他脾氣爆
炸完、等他心情穩定後再說，就算當下有很多個人
情緒跟委屈，最好都忍著吧！

其實不瞞大家說，一開始我真的超想放棄這段
感情，畢竟我行我素那麼久，要改變真的有點不舒
服，況且才交往沒多久，誰有辦法接受這樣的規定？
更不可能理智地忍住自己的脾氣去將就不可思議的
順毛逆毛理論！

　　讓我覺得最誇張的還不止如此，老爺又提出一
個更荒謬的建議，就是當我們在一起的時候要盡量
吵架，心裡有任何不舒服或看不過去的事，千萬不
要忍耐，就拿出來吵。我問他為什麼？老爺的回答
是，這樣就可以看到彼此的底線，吵出一個默契來，
然後更了解彼此，關係也會更緊密。

　　什麼跟什麼啊？這是什麼歪理，什麼爛方法！
我是不是又遇到一個自以為是大男人主義的人？怎
麼會有人鼓勵吵架？這對我這個和平主義者來說超
級煎熬跟痛苦，情侶都希望沒事不要吵架，每天甜
甜蜜蜜、開開心心的，誰會想吵架？然後真的受委
屈了還要替對方想，最好還能等他心情好自己才可
以開始難過！

　　這讓我對老爺開始超級不耐煩，因為每次吵架

他都來真的，沒在讓的啊！而且吵的都是一些觀念上面的問題，根本沒有誰對誰錯，就是看誰願意退讓多一點；如果不願意退讓，我就常常不經意地踩到他的地雷，被炸到體無完膚。

來自兩個不同家庭的人，說話的方式跟處理事情的邏輯怎麼可能一樣？我處理事情跟做事邏輯都比較不拘小節，大手大腳的；老爺卻是一個做什麼都很謹慎很小心、一板一眼又認真無比的人，像我這種很跳 tone，天馬行空、不按牌理出牌的人，常常會惹毛他，被抓起來「釘」，他總覺得我交代事情不清不楚，常常跳躍思考，會讓很多事情不在計畫裡，讓他感到非常痛苦。

我只能說，老爺在我們交往的第一年一直在測試我的底線，真的快把我逼瘋了！那為什麼不分

手？分了不就什麼都沒事了嗎？

　　嗯，沒錯，要是分手就不用忍受那些爛歪理了！但，好幾次都跟姐妹抱怨，邊罵邊哭，每次哭完最後還是沒有說出那兩個字的關鍵，就是因為我慢慢發現，每吵完一次架，痛苦完後真的就像他說的那樣，關係沒有更糟，反倒是越來越緊密。

　　不是我被虐，而是我發現我們的關係真的越來越進步，越來越了解彼此，因為之前吵架的經驗而懂得避開彼此的點，後來吵架的機率真的開始變少，就算真的吵起來，也不會有太多情緒，更不會繼續逆毛挑戰，該怎麼退怎麼進，這場戰爭大概會發生什麼事，都已經一清二楚的，為了避免不必要的爭吵，根本還沒開始就已經知道哪些事情是不能說，哪種事情千萬不要做，或許真的就像老爺說的，吵

透了才懂得什麼是真正的尊重與包容,很離奇吧!

　　順毛逆毛理論教會了我什麼叫作婚姻的相處之道,後來彼此順服,經過那些磨合的日子,我們才真正確定跟認定彼此,並且願意把下半輩子交給彼此,相親相愛到現在。其實在婚姻關係裡面沒有分男女,只有你願不願意去努力溝通和試著改變放下一些成見,拋掉從小到大會影響我們判斷的直覺而否定在婚姻裡的任何可能。

　　妥協對妳來說是好還是壞呢?對我來說,它是幸福的開始!

隨時都在為離婚做準備

　　我曾經問過一對感覺一直在熱戀的恩愛夫妻，我非常好奇他們到底是用什麼樣的方式相處才可以一直這麼相愛，依然保持熱情；他們與我分享了一個小秘訣，原來他們決定要在一起前，兩個人就已經溝通好，在一起如果真的不適合或是遇到更好的人，就直接告知對方，千萬不要勉強彼此，也同意如果真的分開了會在第一時間祝福彼此，不會在交惡的方式下分手，因為他們在以前的戀愛經驗裡都是受過傷的人，所以一開始就先說清楚講明白，希望至少可以讓分開這件事的傷痛減少一些。

　　這樣講開之後，在一起特別輕鬆，因為他們已經做好隨時都有可能分手的準備，所以反而不會刻意隱藏自己的個性，反倒是更自在地讓對方知道優缺點，很快的就適應了彼此。

　　這個先生是一個愛交際應酬的人,朋友特別多,
事業也做得很大,常常因為這樣不在家,而太太是
一個比較文靜但很有想法的人,對生活很享受,也
很愛學習新的事物,兩個看似完全不同又很容易分
手的情侶,雖然有著截然不同的個性,居然可以如
此完美地搭配,不但沒有分手,最後還結婚生了兩
個小孩。

　　我常常在旁邊觀察他們的相處,有時候像朋友
無所不談,有時候像家人,就算沒有說話也很舒服;
有時候像超恩愛夫妻,很會公開調情製造浪漫;有
時候又像彼此的爸爸媽媽,很會無微不至照顧另一
半,反正就是在不同的場合,不同的環境,就會有
不同的角色互補,多美好啊!

　　這世上真的有這樣幸福的事情嗎?我問太太:

妳老公那麼愛交際應酬交朋友，難道妳不怕他容易出軌嗎？她回答得很輕鬆又語出驚人：「就是做好隨時都有可能離婚的準備。」這個觀點讓我有點不太敢相信，離婚這件事情從她嘴巴裡面講出來好像跟約吃飯一樣，只要不開心隨時都可以閃人，沒有任何負擔跟疑慮！我又問，如果真的離婚了不會難過嗎？她跟我分享了她的心態──

婚姻是一輩子的事，但一輩子會有多長？30年？10個月？1天？誰都不知道，她只知道從跟他在一起的那一天起，兩個人就說好了不管日子如何，在一起一定要開心，扮演好彼此該有的角色，真的發現不適合了，也不需要太勉強，哪天真的膩了，要留也留不住，何必讓彼此的生活變得那麼難呢？

所以她還是會去追求她喜歡的事情，學習她喜

愛的所有東西，不會因為當了他的老婆或當了孩子
的媽媽就失去自己，放棄本來會讓自己開心的事或
繼續享受生活。她老公在旁邊點頭如搗蒜地說：「或
許也就因為她這樣，我根本離不開她！」他深信自
己再也找不到一個能把自己跟家庭同時平衡得這麼
完美的女人；他還說，也就是因為這樣，她不會像
其他女人依附著另一半，每天寄託於老公，完全不
讓另一半有私人空間，搞得回家變成一種壓力，所
以讓他覺得很舒服。

　　我又不死心地問：難道你真的沒有差一點擦槍
走火嗎？他說沒有是不可能的，現在年輕妹妹都嘛
很會這個哥那個哥甜甜地叫，也很容易在其他地方
遇到漂亮迷人也讓他很欣賞的女人，但他真的不敢
也不想，因為這些背後都需要付出很大的代價。

　　我一直以為通常都是女人比較需要黏著男人，
原來他才是真正依附老婆的那個人，雖然他在工作
上是很高階的主管，但平常私下不管吃什麼穿什麼
做任何決定都會問老婆，因為他說老婆是這世界上
除了媽媽之外最懂他在想什麼的人，完全知道他愛
的食物、他愛的顏色、他的生活習慣，甚至跟他每
個朋友都有非常好的關係，所以他無法想像，哪天
真的失去她簡直世界末日，因為他就等於失去了一
個好祕書、好朋友、好老婆、好家人。

　　聽完這對夫妻的分享後，當下只能記在心裡，
也沒有辦法證實是不是真的是這樣，直到現在仔細
想想，終於了解他們為什麼能夠如此恩愛，因為他
們彼此信任，沒有猜忌，很享受互相依賴的關係，
就算擁有個人的私人空間，心還是牽掛著彼此，因
為這世界上沒有任何一個人可以代替彼此，他們所

擁有的一切只會加不會減啊！

為什麼我能理解呢？因為我跟老爺現在的關係就是如此，我們擁有絕佳的默契，有時候不需要太多言語，就知道彼此在想什麼，這種感覺真的很好，甚至會非常珍惜，經過那麼多段失敗的愛情，終於遇到一個願意跟妳長相廝守又這麼懂妳的人，我可以在他身上看到他所付出的一切，這種幸福任誰都不會想輕易打破，即使遇到再大的引誘，只要想到會失去現在的一切，我跟那位先生一樣光是想到就腿軟！只有白癡才會拿自己得來不易的幸福去換一個誘惑。

假設真的發生這樣的事，就跟那個老婆說的一樣，這樣的人遲早會跑，也沒什麼好值得眷戀的。

偶爾把自己灌醉也不錯

　　有人說過，婚姻就好像橋樑，溝通了兩個全然
孤寂的世界。我跟老爺在一起的這幾年，非常能感
受這句話的含意。

　　以前我不愛把心事分享給身邊的人，除了一兩
個閨蜜之外，就連家人也不太了解我內心世界真正
的想法，這是一個非常不健康的心態，可能是因為
單親家庭的關係，從小就沒什麼人可以陪我聊心事，
久而久之這樣的習慣就一直持續到長大，我不太與
人溝通，什麼事情都試著自己解決，不願意麻煩大
家。

　　直到遇見老爺之後，他的愛完整了我的世界。
他是一個很會與人溝通的人，長年在餐廳服務業裡
工作，看過很多人，也帶過很多員工，與人溝通算
是他的專長，在我們的婚姻生活裡，他不知道用了

多少方法才讓我卸下心防，真的與他心對心地溝通
交流。

　　談戀愛的時候或許沒有那麼多的時間朝夕相
處，自從結婚之後，幾乎每天早上起床和晚上睡覺，
都有老爺在身邊陪伴，能有什麼事情可以逃過他的
慧眼？每次當我工作壓力太大心情不好，或生活一
些小事跟他摩擦吵架，基本上都是不太說話，也不
知道要怎麼說，除了趕快道歉息事寧人，我不太懂
可以用什麼方法讓問題透過溝通，一切順其自然地
解決，所有的委屈難受都憋在心裡。

　　有一天同樣的事情又發生，我又跟往常一樣直
接道歉，然後一句話也沒說，最後他實在受不了這
樣的溝通模式，於是默默走到廚房倒了兩杯酒，把
電視關掉，放了他最愛的爵士樂，跟我說：「我們

一起輕鬆地來聊聊天，說說話吧！」這時空氣好像有點凝結，我開始感到緊張，覺得即將有更多的情緒要爆發，這種不安讓我有點不知所措，但他開口說了一句話：「老婆，我需要妳幫我一件事情，試著不要把我們的問題看得太嚴肅，不要這麼認真的看待它，我需要妳站在我的角度想這件事情。」

聽完，我把桌上那一杯酒直接喝掉，然後沒多久我居然就開始掉眼淚，他不發一語安靜地等我哭完，問我：「哭出來有舒服一點嗎？」我點點頭，他馬上抱著我，摸摸我的頭說：「這就是溝通啊！寶貝。」這句話整個溫暖了我多年來一直孤獨無助的心，我納悶地問他：「我又沒有說話，哪裡溝通了呢？」

他說：「有時候溝通不一定要說什麼，而是妳

想表達什麼，哭也是一種表達；我看到妳的委屈，也看到妳的軟弱，藉著這樣的抒發，妳才能真正放鬆，把妳的武裝拿掉，所以我陪著妳哭，就是站在妳的角度面對事情。」

然後，他又倒了第二杯酒，繼續說著：「當妳有站在對方的角度想事情的時候，對方也會感受到妳的關心，而釋出善意，這就可以開始溝通。相反的，如果你沒有站在對方的角度去思考，只有單方面地想事情的嚴重性，做出來的反應常會讓人產生敵意，然後防守你，這樣的溝通就會出現難題，沒辦法繼續下去。其實當我們情緒不舒服的時候，都是需要被在意的，即使我是男人也一樣！這時候如果妳想跟我溝通，就直接關心我，而不是就著我的情緒發問一些問題或發表一些意見，這就是為什麼我會生氣的原因，因為妳不懂也不想面對，就持續

逃避，甚至一直莫名其妙的道歉，這樣非常不尊重我的感受，只會讓我們的關係越來越惡化。」

這一段談話讓我了解，不需要把以前不好的經驗放在我們的關係上面，這只會惡性循環，對我們都很不好，兩個人中只要有一方願意這樣子溝通，另一方一定會非常感謝也非常感激，慢慢地就能陪對方找到一個最好的方式，建立這座橋樑。

記得不需要太努力，只需要站在彼此的位置思考，給出關心，然後，溝通的技巧跟時機都要對；技巧就是要事先想好會發生爭執的點是什麼，盡量避免或避重就輕地帶過，並事先告知對方沒有要吵架，口氣上面也要注意不能讓人有壓迫感；時機上可以選擇兩人都很輕鬆的狀態，就像我們小酌幾杯心情放鬆之後就有了非常好的溝通。

　　我終於了解這些年來一直困擾我的居然不是害怕溝通，而是沒有一個好的老師教我如何去面對問題，然後解決問題。我一直用我的方式硬碰硬地去看待這件事情，才讓我有很多不好的經驗，如果有人早點告訴我，溝通的第一步就是先站在對方的立場去關心他，或許我就不會一直害怕溝通這件事情了！

　　現在偶爾會跟老爺在家小喝一杯，東聊西聊的，順便溝通彼此的想法，真的挺放鬆也挺好的，大家如果跟我有一樣的溝通恐懼症，或許可以試試看這樣的方法，搞不好會有意想不到的美好事情發生喔！

吞下割斷理智線的那句話

很多人問我結婚跟談戀愛有什麼不一樣？我必須老實說，結婚跟談戀愛最大的不同，就是不能說走就走。不管爭執有多激烈，就是永永遠遠的要彼此忍讓，要不就不要簽下那張結婚證書，既然簽了就要有心理準備總有那麼一天會因為一言不合而槓上，再怎麼相愛只要遇到吵架一樣都是打回原形，管妳是不是當初捧在手心上的小公主或是帥氣溫柔發光的白馬王子，相處久了一樣都會遇上磨合的問題。

婚姻生活中，目前已經有三個小孩加上一隻狗女兒，生活的大小事都非常好吵，只要雙方稍微情緒不穩，一觸即發的戰爭隨時會在家裡發生。以前我確實很害怕兩個人不愉快，畢竟吵完還是要睡在同一張床上，那種空氣凝結的煎熬，兩人好像得了尷尬癌一樣痛苦萬分，又因為自尊心作祟不願意先

低頭示好，任由不好的情緒消耗彼此的愛意跟善意，就算和好了，內心還是會為了自己的委屈感到無奈，只能跟閨蜜抱怨跟哭訴，但哭完了問題還是沒有解決啊！

終於有一天我厭倦了這一切，我靜下心來問自己：這是我要的結果嗎？如果再這樣吵下去，我們的感情只會越來越差，這樣我不就又回到以前的戀愛模式，最後以分手收場？那孩子怎麼辦？我的婚姻怎麼辦？

不！我的婚姻不能這麼輕易地放棄，我必須正視這個問題，用理性的方式得到解決方法，我突然想到我和老爺的共同朋友康哥，他熟悉我跟老爺的個性，也很清楚我們的脾氣，他一定可以很公正客觀地看待這些問題，給我很好的建議。

　　就在我跟康哥深聊一番，聽完我的抱怨跟委屈之後，他真的幫我找到解決方式，也分享了幾個家庭會緊密、和諧的方法。首先，他要我試著不要一直卡在情緒裡為自己辯駁，而是去想想吵架背後他想表達或想透露什麼，弄清楚是什麼讓他不舒服，尤其我必須練習先忍住自己的情緒聽他講完，這個叫尊重！

　　再來，千萬要注意自己的口氣跟態度，不要太激動跟強硬，因為這樣只會讓彼此更生氣而產生對峙，越吵越激烈，如果可以換用平心靜氣的態度跟和緩的口氣，伸手不打笑臉人，自然就吵不起來，而彼此也能感受到雙方的誠意，試著不要再用偏激的方式來處理情緒問題，這個叫包容！

　　最後，吵完架後一定要再找一天彼此心情好的

時候再次聊聊天，這時候就可以告訴彼此心裡的感
受，康哥說這非常重要，因為我也必須讓他知道我
在想什麼，這樣兩個人才能找到一個好的平衡點，
只有單方面退讓是沒有用的，這是要互相的，最好
可以協調約定好，規定哪些死穴絕對不能踩，很多
事情應該要適可而止，不要招招斃命，有時候忍住
一些話，情緒過後就會發現事情好像也沒那麼嚴重，
何必都要用吵架來解決呢？

　　康哥告訴我，以上三點都能做到，這就是愛，
而一個家是只講愛、不講對錯的。或許一開始我會
不懂為什麼他要叫我這樣做，但他是過來人，分享
給我的絕對不會錯，多多學習面對婚姻該有的智慧，
而不要再像小朋友那樣用脾氣解決事情，這樣才能
真正的擁有幸福！

　　這次對談對我來說受益良多，可能真的是站在男人的立場，跟我們女人看的真的不一樣，後來照著康哥的建議去嘗試跟練習，幾次下來我跟老爺真的沒有再像以前那樣發生激烈爭吵。就算真的有吵，當下也給它忍下去，事後等他心情好再去電他也來得及，至少不是正面衝突，免得吵到最後，真的傷了婚姻的和氣，多划不來啊！

所有的幸福結局都已寫好

　　小時候當我們遇到困難跟挑戰，總是安慰鼓勵自己，就當逆來順受，既來之則安之，只要做好自己的本分，其他也就問心無愧；隨著我們的年紀越來越增長，能力也越來越強大，這樣的安慰可能已經沒辦法讓我們擁有充分的安全感，最好所有的事情都是在我們的掌控之下，不准再出差錯，利用這些人生經驗建造屬於自己的城堡，小心翼翼地把自己放進堡壘，不太會再受到刺激跟傷害。

　　其實婚姻也是一樣，很像我們剛出社會一樣開心地全心投入，面對陌生的環境跟好奇心，一路跌跌撞撞的闖蕩，碰了一鼻子灰得到了寶貴的經驗，最後走出屬於自己的生存法則。每對情侶或夫妻都會有蜜月期，一開始甜甜蜜蜜，每天過著沒有你會死的日子，當蜜月期一過，就是真正考驗的開始，很多女人會開始埋怨另一半變了，不像以前一樣那

麼寵愛她，因此也跟著變得不快樂，更不願意再去
為對方付出，其實這都是需要經營的。

　　有的人會覺得，一定要這麼刻意嗎？這樣會不
會更奇怪？或是，我覺得我已經做很多了，他沒有
覺得就算了！不是他們沒有感覺，而是男人真的沒
有我們想像中那麼細心，所以他們寧願妳找一個好
時機跟他們聊天討論，用引導的方式讓兩人的婚姻
更甜蜜美好。

　　以我的經驗來看，只要預備好幾個大方向，我
們要當婚姻的主導者並非難事，首先要搞清楚妳想
營造的家庭氛圍跟角色分配，很像寫劇本那樣把劇
情大綱先想好，再開始溝通，像我家就很愛塑造爸
爸全能的形象，媽媽崇拜爸爸，爸爸是家裡的大英
雄，沒有什麼事情難得了他，自然而然地，先生有

被尊重，孩子們對爸爸這個角色也有充分的安全感，一舉兩得。

而我在家裡，老爺會在孩子面前讓他們覺得他最在乎的是媽媽的任何感受，什麼事情都會第一個徵求我的意見跟協助，也常常在孩子面前放閃，讓他們覺得爸爸很尊重媽媽也很愛媽媽，久而久之，孩子也會跟爸爸一樣很在乎跟尊重我的感受。

我覺得這樣的家庭氛圍是相輔相成的，一個和諧的氣氛，勝過任何方法來維繫家庭緊密，再來就是在家裡的工作比重分配，可以試著先跟另一半討論主內或主外的時間，這可以幫助減少兩個人摩擦的機會，還可以做好彼此的事，如果中間不符合彼此的期待，可以再調整，只要有共識，不管是誰主內誰主外，都能夠有很好的默契。

　　再來，記得不定時地找時間約會一下，耍浪漫肯定是要的，一場電影或一頓晚餐，單獨夫妻兩個人，這會讓愛一直穩定地保持溫度，尤其要記得，要常常像個小女孩撒嬌環抱著另一半，別老是把媽媽的形象帶給先生，久了對他們來說太太就等於媽媽，豈不是沒有什麼魅力！千萬要讓他知道我們也可以是一個漂亮自信的女人，跟他一起約會！

　　說穿了，一個家最幸福的就是圓圓滿滿，夫妻相愛，小孩快樂成長，只要我們不厭其煩地好好經營，每個家庭都會有一個充滿愛跟幸福的 Happy ending！

其實妳不是自己想的那個人

　　30 歲以前的我，是一個我行我素、大喜大悲的人，身體裡的血液非常反骨跟叛逆，不太受控，想做什麼馬上就會去做，相當任性，可能因為奶奶曾經跟我分享過，女人的半百是 25 歲，過了這個年紀就要好好把握每一天，所以可以這樣沒有負擔地決定自己的人生是一件很美好的事，要好好珍惜這樣不太需要責任感的時光。

　　那個時候我就意會到，人生苦短，能嘗試體驗學習的時候儘管去試，想辦法強大自己，多認識一點志同道合的好朋友，增廣見聞，多花一點時間享樂，好好寵愛自己，不用管別人怎麼看，反正自己開心就好。

　　而這樣無懼勇敢的生活，讓我沒有存款，也不太會存錢，只因為買不到好看的衣服就自創了一個

品牌，把身上僅有的 10 萬元現金全部投進去，最後
不但獲利好幾倍，還賺到許多美好的回憶。

　　抱著這樣的心態，談戀愛也是很敢沒有在怕的，
就算知道對方是個危險人物，不管身邊朋友的再三
警告，還是飛蛾撲火，撞得全身是傷只圖一個不後
悔，雖然一路遇到了幾個渣男，但在他們身上讓我
學到如何更獨立，更愛自己。

　　30 歲生日時我買了一張機票送自己出國流浪，
再次花光所有積蓄，只因為想為青春留一個最美好
的 ending。就這樣，還沒結婚之前我做什麼都是及
時行樂，完全活在當下，擁有這樣的人生觀讓我感
覺自由自在，任誰也沒想到，當我嫁給老爺，進入
婚姻之後，我完全變了！

　　我變得跟以前完全不一樣，以前我老是愛往外跑，把家裡當飯店，在家沒多久就會想出門，現在我不愛出門，喜歡賴在家裡；以前我也不愛看電視，現在會為了老爺坐在電視機前面一整個晚上；以前我是非常沒有耐心的人，當了媽媽之後居然可以非常有耐心地為小朋友說故事；以前完全不敢吃魚，現在怕魚的我為了孩子的健康可以幫他們煮魚；開始懂得有責任感，不會再喝得大醉，只因為怕隔天起不來帶孩子；出門不會再忘記接手機，讓人擔心，更以身作則改掉很多不好的生活習慣希望可以維持身教……

　　這些都是我從來沒有認識過的自己，雖然不像以前過得那麼自我，但我好愛也好滿足這樣的生活。

　　現在的我，努力有了目標，開心有人可以分享，

家裡變得好熱鬧，終於我再也不是一個沒有自信、沒有安全感的人了！

　　現在回想，不管是哪個時期的我，都是最好的我，還好我曾經為自己活得這麼精彩，不用等我老了，才在那邊怨天尤人什麼回憶都沒有，沒有瘋狂過。

　　其實妳不一定是自己設想的樣子，妳有無限可能。

一步步長成更好的自己

　　從小我就一直幻想自己長大的時候會變漂亮，常拿阿嬤的化妝品在臉上塗塗抹抹，因為小時候常被說很像男生，頭髮很少像紅毛猩猩，長得醜不好看，所以一直都很沒有自信，很不愛站在漂亮女生旁邊，以免被拿來比較或取笑。但這個狀況直到結婚後終於比較好一點，我覺得這是我的心態問題，可能從小到大都是這樣被比較，所以一直覺得最美最正的不會是自己，但我是藝人，這麼自卑要怎麼表演，怎麼工作？因為工作，我建立了一種瞬間自信，我無法讓自己變漂亮，於是決定讓自己變帥，不用太矯情，更不用做作，我全身上下有股渾然天成的帥勁，我就是那種很帥的女生，這個風格讓我覺得自己很特別也很自由，不用受限於制式的審美觀，讓我感到非常放鬆，但這種自信往往都只有一瞬間，一下子就不見了！我不喜歡這樣的狀態，很虛也很不踏實。

　　其實美有很多種，只是我們必須自己找到一個
自我感覺良好的魅力來迷戀自己，當我學會也懂得
這個道理之後，從男性穿著到中性穿搭，整個就是
一個沒在怕的帥，直到遇見老爺之後，才開始有一
點女人味。結完婚，生完小孩，我已經不在乎別人
怎麼看我，我只在乎我心中最重要的人怎麼看我，
真正開始懂得展現自我。

　　遇到老爺後，我可以放心地做自己，也解放了
內心深處那個小女孩，我終於認知到，我需要被肯
定，更需要被愛，這兩點老爺都做得非常好。他常
告訴我，女人的自信絕對不要來自於外表，而是內
心的滿足，那才是永恆。這一句話點醒夢中人，所
以說，人生遇到好的隊友肯定就是上天堂，雖然有
可能多半我們遇到的都是豬隊友，但只要堅持，好
好慎選會成就更完美的妳的那個人，這樣我們的人
生就會越活越美麗，敬偉大女人們！

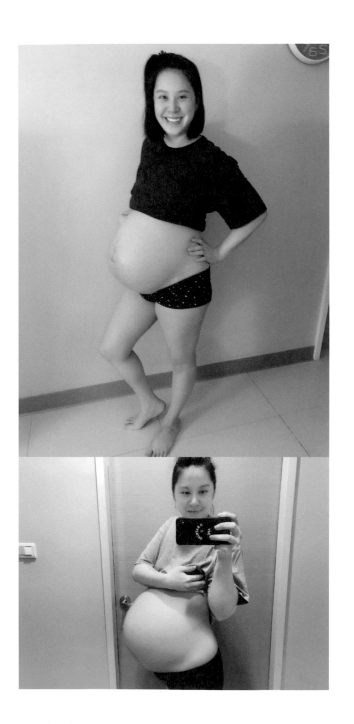

玩藝 0080

跟過去的每次跌倒說謝謝

柔式覺醒，告別渣男，找到幸福的自己

作　　者—黃小柔
經 紀 人—趙珮涵、黃筠晴
攝　　影—江鳥立夫
化　　妝—龍大 · 迴文蓁整體設計工作室
髮　　型—Ima 江語涵
造　　型—陳橙工作室
封面設計—季曉彤（小痕跡設計）
內頁設計—花樂樂
責任編輯—施穎芳
責任企劃—汪婷婷

總 編 輯—周湘琦
發 行 人—趙政岷
出 版 者—時報文化出版企業股份有限公司
　　　　　10803 台北市和平西路三段二四〇號二樓
　　　　　發行專線（02）2306-6842
　　　　　讀者服務專線 0800-231-705、（02）2304-7103
　　　　　讀者服務傳真 （02）2304-6858
　　　　　郵撥 1934-4724 時報文化出版公司
　　　　　信箱 台北郵政 79 ～ 99 信箱
時報悅讀網— http://www.readingtimes.com.tw
電子郵件信箱— books@readingtimes.com.tw
時報出版風格線臉書— https://www.facebook.com/bookstyle2014
法律顧問—理律法律事務所陳長文律師、李念祖律師
印刷—詠豐印刷股份有限公司
初版一刷— 2019 年 3 月 22 日
定價—新台幣 360 元

跟過去的每次跌倒說謝謝：柔式覺醒，告別渣男，找到幸福的自己 / 黃小柔著 .-- 初版 . -- 臺北市：時報文化，2019.03
　　面；　公分 . --（玩藝；80）
ISBN 978-957-13-7743-8(平裝)

1. 婚姻 2. 生活指導 3. 文集

544.307　　　　　　　　108003269

謝謝你們，讓我長成更好的人——黃小柔

你是否也曾和小柔一樣，踩過許多坑，為愛傷痕累累？
你是否也曾和小柔一樣，對自己沒有自信，
對人生感到絕望，覺得自己不值得被愛？
如今的小柔，找到了愛並懂得去愛，擁有自己想要的幸福。
如果希望透過與小柔的分享，幫助你找到更好的自己和幸福，
歡迎你，拿起筆寫下你的故事，並於2019/5/31前（以郵戳為憑）寄回時報文化，
就有機會獲得小柔的親筆回覆喔！

◆ 你最喜歡的章節故事?

_____

◆ 請問您在何處購買本書籍？
　□誠品書店　　　□金石堂書店　　□博客來網路書店　　□其他網路書店
　□一般傳統書店　□量販店　　　　□其他 _____

◆ 請問您購買本書籍的原因？
　□喜歡主題　　　□喜歡封面　　　□價格優惠　　□喜愛作者
　□工作需要　　　□實用　　　　　□其他 _____

◆ 您從何處知道本書籍？
　□一般書店：_____□網路書店：_____□量販店：_____
　□報紙：_____□廣播：_____□電視：_____
　□網路媒體活動：_____□朋友推薦_____□其他_____

【讀者資料】

姓名：_____□先生 □小姐　　　_____

年齡：_____職業：_____

聯絡電話：（H）_____ （M）_____

地址：□□□_____

E-mail：_____

（請務必完整填寫、字跡工整，以便回覆）

注意事項：
★本問卷將正本寄回不得影印使用。
★本公司保有活動辦法之權利，並有權選擇最終得獎者。
★若有其他疑問，請洽客服專線：02-23066600#8219

時報出版

黃小柔——著

THANK YOU

跟過去的
每次跌倒
說謝謝

柔式覺醒，告別渣男
找到幸福的自己

※ 請對摺後直接投入郵筒，請不要使用釘書機。

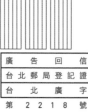

廣　告　回　信
台 北 郵 局 登 記 證
台　　北　　廣　　字
第 2 2 1 8 號

時報文化出版股份有限公司

108 台北市萬華區和平西路三段 240 號 2 樓

第三編輯部 收